Zu diesem Buch

Wittus Witt ist zauberbegeistert seit seinem 6. Lebensjahr. Nach Abitur und Studium von Kunst und Kunstgeschichte (bei Prof. Beuys) machte er 1980 sein Hobby zum Beruf. Heute gehört Wittus Witt zu den profiliertesten Zauberkünstlern Deutschlands. In über hundert Fernsehsendungen in Europa, Asien und Amerika wirkte er mit. Durch drei Sendungen führte er selbst als Zauberkünstler.

Mit seinem Soloprogramm «Schöner Schein» gastierte er in vielen Theatern des In- und Auslandes. Er war der erste Zauberkünstler, der abendfüllend im Düsseldorfer Kom(m)ödchen auftrat; eine Woche lang spielte er vor ausverkauftem Haus.

Neben seinen Auftritten hat sich Wittus Witt besonders der Historie seiner Profession verschrieben.

Seine Sammlung alter Zauberkästen gilt als die umfangreichste der Welt. Mit ihnen gestaltete Witt zahlreiche Ausstellungen, unter anderem im Düsseldorfer und Münchner Stadtmuseum.

Er hat Artikel für Publikums- und Fachzeitschriften verfaßt und gibt seit 1980 ein eigenes Sammlerperiodikum heraus: «A-B-C of Magic-Sets».

Seit 1977 veröffentlicht er alle zwei Jahre das einzige Branchenverzeichnis für Zauberkünstler in aller Welt: «Internationale Gelbe Zauberseiten».

Seit 1990 erscheint bei Wittus Witt für Berufszauberkünstler ein Informationsblatt, das ausschließlich per Telefax versandt wird. 1991 kreierte er den kleinsten Zauberkasten der Welt: «21 Tricks in der Streichholzschachtel».

Seit August 1992 zaubert Wittus Witt einmal im Monat sogar im Radio auf WDR 2. Seit Juli 1993 tritt er regelmäßig alle 14 Tage in der Fernsehsendung KUK auf und zaubert hier live mit Zuschauern an den Bildschirmen.

Bisher sind von Wittus Witt erschienen:

Bücher: Taschenspieler-Tricks, Heinrich Hugendubel Verlag, München. Zauberkästen, Heinrich Hugendubel Verlag, München

Zauberkästen: Hokus Pokus Bastelei, Spear Spiele, Nürnberg
Wittus Witt Zaubershow, ASS, Leinfelden
Der Kleine Zauberer (als Faksimile), F. J. Holler, München
Escamoteur (als Faksimile), F. J. Holler, München

Wittus Witt

Zaubertricks

Tips und Techniken für Taschenspieler

rororo

Rowohlt

Lektorat Bernd Gottwald
Umschlaggestaltung: Walter Hellmann (Foto: TAKE)

Für meine Mutter und Andrea

Veröffentlicht im Rowohlt Taschenbuch Verlag GmbH,
Reinbek bei Hamburg, Dezember 1993

Illustrationen Wittus Witt

Satz Times PostScript Linotype Library, PM 4.2
Langosch Grafik + DTP, Hamburg
Druck und Bindung Clausen & Bosse, Leck
Printed in Germany
1290-ISBN 3 499 18934 8

Tascheninhalt

Der Mann ist Zauberer. Er ist überzeugt, daß bei ihm dennoch alles mit rechten Dingen zugeht. Er sagt: «Ich kann gar nicht zaubern!» Dabei holt er eine Zigarette aus meinem Etui, bricht sie in drei gleiche Teile, und im Handumdrehen erscheint der gerade zerteilte Glimmstengel unversehrt zwischen seinen Fingern.

So gibt mir mein Freund Wittus Witt diskret zu verstehen, daß ich ihm kettenrauchend die Atemluft raube …

Der Mann ist Zauberer. Er hat Witz und Charme. Eine Ausnahme unter den Täuschungskünstlern!

Alle Zauberer, die ich kenne, beharren allen Ernstes darauf, daß sie über magische Fähigkeiten verfügen. Sie haben sich deshalb einen stechenden Blick zugelegt. Wittus hat solche Selbstüberschätzung nicht nötig. Indem er darauf hinweist, daß er gar nicht zaubern könne, demonstriert er, daß es in seinem Metier auf etwas viel Wesentlicheres ankommt: auf Phantasie, die alle Naturgesetze außer Kraft zu setzen vermag.

Bei seinen Auftritten gelingt es ihm, mit unser aller Gedanken zu spielen und dabei die Illusion herzustellen, es gäbe so etwas wie Zauberei. Er versteht seine Profession als Idee, die allein im Geist seiner Zuschauer zustande kommt. So wird die oft als Handwerk mißverstandene Zauberei zur Kunstform: als Spiel der Phantasie des Künstlers mit der Phantasie der Zuschauer.

In den Tagen von Star Wars, Computerspielen und Videoclips haben sich auch die Illusionsartisten den Irrtümern ihrer Zeit angepaßt. Sie präsentieren stumm zu enervierender Musik aus irgendwelchen Actionfilmen die atemlosen Effekte ihrer modernen Zauberapparate und wollen damit verblüffen.

Wo es seinen allzu ernsten Kollegen längst die Sprache verschlagen hat, fängt für Wittus Witt der Spaß erst richtig an: bei den jahrtausendealten Traditionen seines Berufes.

Er kann nicht verleugnen, daß die Zauberei für ihn Lebensprinzip und Philosophie ist. Er hat sein Haus in ein veritables Museum verwandelt. Tausende Zauberbücher, Magierplakate, Illusionsrequisiten, Zauberkisten, -kästen und -koffer zeugen von seiner steten Suche nach den historischen Ursprüngen der Taschenspielerei. Dabei ist Wittus weder von des Gedankens Blässe noch von grübelnder Schwermut angekränkelt. Ich beneide ihn besonders um seinen spielerischen Umgang mit den Belangen seiner Kunst.

Das vorliegende Buch ist ein eindrucksvoller Streifzug durch den Wittus-Wittschen Kosmos. Er läßt alte Taschenspielertricks wieder jung werden, erläutert die historischen und gedanklichen Hintergründe der Kunststücke – ein amüsantes und lehrreiches Seminar über die Grundlagen und Prinzipien der Zauberei.

Wittus nimmt uns Leser ernst und läßt uns nicht mit plumpen Trickerklärungen alleine, sondern gibt wesentliche Anregungen, wie aus den Täuschungshandgriffen ein raffiniertes Spiel mit der Phantasie wird, wie man sein Publikum verzaubern kann.

Hätte er dieses Buch früher geschrieben, ich wäre Zauberer geworden! Dann könnte ich heute meine kettenrauchenden Freunde fingerfertig und taktvoll darauf hinweisen, daß ihre Sucht meine Lungen überstrapaziert. Aber in meinem Alter den Beruf wechseln … ?

So bleibt mir also nichts anderes übrig, als mein Publikum weiterhin bloß mit meiner Schreibmaschine zu täuschen. Die Kunst zu verzaubern bleibt Wittus und seinen talentierten Lesern vorbehalten.

Mario Angelo

1. Abteilung: Einführung

Die Taschenspieler gehören zur bunten Schar der Straßenkünstler, die sich nunmehr seit fast zwei Jahrzehnten zu einer Theater-Kunstform gefunden haben und ohne spezielle Bühnenvorrichtungen ihr Publikum unterhalten.

Die Bezeichnung Taschenspieler stammt aus dem Mittelalter und wurde bis ins 19. Jahrhundert hinein gebraucht, um diejenigen zu beschreiben, die im wahrsten Sinne des Wortes aus der Tasche heraus spielten: Zauberkünstler auf Straßen und Märkten.

Die Taschenspieler traten ohne große Apparaturen auf. Sie unterhielten und verzauberten ihr Publikum unmittelbar: mit Fingergeschicklichkeiten.

Oftmals spielten sie zu Beginn auf einem Musikinstrument oder rührten die (tatsächliche) Trommel, um Aufmerksamkeit zu erzeugen, und fanden auf diesem Wege ein Publikum, dem sie nach den Zaubervorführungen Haushaltswaren, Tinkturen oder andere Dienstleistungen anboten. Nur selten lebten die Taschenspieler ausschließlich von ihrer Kunst.

Heute findet man auf den Straßen des In- und Auslandes häufig wieder Künstler, die an die Tradition der Taschenspieler anknüpfen. Es werden, wie früher, ohne großartige Bühnenaufbauten und Gerätschaften Kunststücke präsentiert, mit denen das Publikum verzaubert wird. Sie stehen im Gegensatz zu den vielen heutigen Zauberkünstlern, die ohne Apparate und Bühnen kaum auskommen.

Das Vorspiel

Seit 1973 habe ich Erfahrungen auf dem Gebiet der Taschenspielerzunft gesammelt. Erfahrungen, die für meinen späteren Beruf als Zauberkünstler, den ich seit 1980 ausübe, sehr wertvoll geworden sind.

Angeregt durch die Amerikanerin Judy Carter und motiviert durch die damalige Kunststudentin Andrea Witt, brachte mir die Straßenzauberei die notwendige Sicherheit und Routine, die der Beruf des Zauberkünstlers erfordert. Es gab Abende, an denen ich die Zauberkunststücke bis zu 20mal hintereinander vorführte, immer vor neuem Publikum. Irgendwann mußte ich also fast zwangsläufig die Tricks wie im Schlaf beherrschen.

Wollte man einige Zeit früher, vor etwa 25 Jahren, professioneller Zauberkünstler werden, konnte man seine Erfahrungen in Nightclubs sammeln, in denen man am Abend bis zu dreimal auftreten mußte. Diese Möglichkeit gibt es in Deutschland so gut wie nicht mehr. Da ist die Straßenzauberei eine gute Alternative, seine Künste zu erproben und zu perfektionieren.

Dies ist kein Muß, denn man kann natürlich auch andere Wege zu diesem Beruf finden, wenn man unbedingt Zauberkünstler werden möchte.

Für denjenigen, der die Zauberkunst nur als Steckenpferd betreiben will, bietet die Straße viele Auftrittsmöglichkeiten, die für Amateure im allgemeinen rar sind.

Nur sollte man die Straße nicht als Übungsplatz ansehen, auf dem man Tricks einstudiert. Jedes dargebotene Kunststück muß von der Technik her zu Hause perfekt einstudiert sein. An der Vorführung, dem Verkauf, wie man auch dazu sagt, kann auf der Straße gefeilt werden.

Man darf nicht annehmen, daß das Straßenpublikum kritiklos sei. Dies wäre ein schwerwiegender Fehler, der sich schnell bemerkbar macht. Die eigene Leistung muß so anspruchsvoll wie nur möglich sein. Sie müssen bereit sein, alles zu geben, auch wenn Sie nur selten und unmittelbar ebenbürtige Anerkennung vom Publikum zurückerhalten. Auf die Dauer jedoch wird sich Ihr Einsatz lohnen. Dazu zwei Beispiele:

In Paris zeigten vor einigen Jahren zwei Straßenkünstler aus Amerika auf der Straße eine Jongliernummer, mit der sie sofort für das «Casino de Paris» verpflichtet wurden.

Ich selbst hatte 1975 ähnliches Glück und wurde von Jean Pütz für mehrere Hobbythek-Folgen des WDR-Fernsehens engagiert, als er mich auf der Bolkerstraße in Düsseldorfs Altstadt zaubern sah.

Jean Pütz (rechts) und Wittus Witt

Es gibt aber auch weniger angenehme Seiten bei der Straßenzauberei, denn nicht jeder Mensch sieht die Vorführung unter freiem Himmel als eine Theater-Kunstform an. So bin ich nicht selten auf Vorurteile gestoßen, wenn ich meine Erfahrungen von der Straßenzauberei in Gespräche mit einbrachte, in denen z. B. eine Firma mich für ein Engagement gewinnen wollte. Bei Anfragen, die sich unmittelbar im Anschluß nach Auftritten auf Straßen ergaben, stellte ich auch bald

Auf dem großen Platz in Brüssel, während des Weltkongresses der Zauberkunst 1979

fest, daß der Frager annahm, eine Vorführung für sein Fest koste nur ein paar Mark.

Von etlichen Agenturen, die Artisten und andere Unterhaltungskünstler vermitteln und bei denen ich mich im Laufe der Zeit vorstellte, erhielt ich anfangs ausschließlich Angebote für Freiluftveranstaltungen, so daß mich manchmal mein Freund Roy Gardner fragte: «Na, wann hast du denn mal wieder eine Mucke* mit einem Dach überm Kopf?»

Es ist bedauerlich, daß die Straßenkunst häufig nur vom Wort her mit Kunst zusammengebracht wird.

Fast jedes Zauberkunststück habe ich unzählige Male vorgeführt, und alle sind wirklich «publikumgetestet». Eine Tatsache, die für ein Zauberbuch nicht alltäglich ist, denn es gibt kaum ein derartiges Buch, das von einem professionellen Zauberkünstler für Laien wie für Fachleute zugleich geschrieben wurde.

* Unter Mucke versteht man im Artistenbereich eine Veranstaltung, auf der man engagiert ist. Strenggenommen bezeichnet man jedoch mit dem Wort Mucke eine zweite Veranstaltung am gleichen Tag.

Die wiedergegebenen Vorträge zu den Tricks stammen allesamt von mir. Sie sind im Laufe der Jahre durch die unzähligen Auftritte gewachsen.

Obwohl die hier beschriebenen Kunststücke speziell für Darbietungen im Freien gedacht sind, lassen sie sich natürlich ebensogut bei vielen anderen Gelegenheiten vorführen.

Die Kunststücke kann man beliebig miteinander kombinieren. Je nach Auftrittsort reichen oft zwei oder drei Tricks, die man nacheinander vorführt und nach der «Applausmünze» erneut präsentiert.

Sollte der Leser das Verlangen spüren, sein Wissen auf dem Gebiet der Zauberkunst zu erweitern, so werden ihm die im Anhang aufgeführten Anschriften sehr nützlich sein.

Auch der interessierte Amateur, der den Gedanken in sich trägt, das Hobby zum Beruf zu machen, findet im Anhang Anschriften, die unbedingt notwendig sind und an die man als Außenstehender nur schwer gelangen kann.

Wenn sie zum erstenmal auf der Straße auftreten wollen, nehmen Sie am besten einen oder zwei Freunde mit, die Sie aufmuntern und «moralisch» unterstützen. Es ist nicht einfach, sich ganz allein irgendwo hinzustellen, um mit einer Vorstellung zu beginnen.

Bunte Begegnungen

Straßenauftritte bergen für den Vorführer wie für sein Publikum eine Freiheit in sich, die man kaum bei anderen Veranstaltungen so intensiv spüren kann.

Es gibt kaum schönere Auftrittssituationen, als wenn ein spontan gebildetes Publikum zu einer festen Einheit verschmilzt und eine Stimmung entstehen läßt, die für alle Beteiligten zum Erlebnis wird.

Niemand aus dem Publikum ist zu irgendwelchen Reaktionen gezwungen. Vom ersten Moment des Stehenbleibens bis hin zum Applaus können sich die Zuschauer frei entscheiden, ob sie mitspielen wollen oder nicht.

Dies macht den bedeutsamen Unterschied zu allen anderen, «etablierten» Einrichtungen aus, bei denen im allgemeinen vor jeder Darbietung ein Eintrittsgeld und oft auch das entsprechende äußere Erscheinungsbild verlangt wird.

Auf der Straße ist jeder frei und ungezwungen. Der Straßenkünstler kann den Umgang mit den unterschiedlichsten Personen erfahren und lernt darüber hinaus viele Kollegen aus den verschiedenen Bereichen der Unterhaltungsszene kennen: Musiker, Pantomimen, Scherenschneider, Akrobaten und vielleicht auch andere Zauberkünstler bzw. Taschenspieler.

Die menschlichen Begegnungen waren und sind für mich fast immer die wichtigsten. Es macht Spaß, einen Pantomimen aus Essen zu treffen oder einen Dudelsackpfeifer aus Großbritannien. Oder man erfährt, daß der Bänkelsänger, der während des Auftritts berlinerisch sprach und sang, eigentlich aus München kommt und seit Jahren in Düsseldorf lebt. Mit ihm kann man sich nun auch privat treffen, ihn besser kennenlernen und Erfahrungen austauschen.

Versteht man sich miteinander, dann ist man kooperativ und teilt sich einen guten Standort. Dadurch hat jeder Auftretende die gleichen Chancen. Er kann in Ruhe pausieren und sich in einer Gaststätte erholen, ohne befürchten zu müssen, daß nach dieser Pause sein Platz vergeben ist. Für die Straßenpassanten ergibt sich somit ein fortlaufendes, abwechslungsreiches Programm.

Ebenso ist es faszinierend zu beobachten, aus wieviel unterschiedlichen Personen sich ein Publikum oftmals zusammensetzt. Dies konnte ich besonders in Düsseldorfs berühmter Altstadt «studieren», in deren Nähe Oper und Theater liegen. Bei den abendlichen Auftritten auf der bekannten Bolkerstraße im Herzen der Altstadt kam es nicht selten vor, daß ein Paar, das offensichtlich gerade aus der Oper oder dem Theater kam, sich neben Jugendliche, die Getränke in der Hand hielten, gesellte und sich alle gleichermaßen über die Darbietungen freuten, lachten und applaudierten.

Fritz, der Bänkelsänger, stammt aus München, lebt aber seit Jahren in Düsseldorf. Er hat sein Gerät, ein Orchestrophon, in vielen Stunden selbst gebaut. Seit Anfang der 70er Jahre reist er quer durch die Bundesrepublik und spielt auf Straßen und in Gaststätten.

Darüber hinaus war ich speziell in Düsseldorf von der Menschenmenge fasziniert, die sich jeden Freitag- und Samstagabend durch die Straßen drängte. Über Jahre führte ich an den Wochenenden ein und dasselbe Programm vor und traf immer wieder ein «neues» Publikum. Dies wird wahrscheinlich in München und Hamburg ähnlich sein, obwohl die Düsseldorfer Altstadt von der Struktur und Atmosphäre meiner Meinung nach einmalig in der Bundesrepublik ist.

Gern denke ich auch an die Momente, bei denen ich in anderen Städten nach den Auftritten von Passanten angesprochen wurde, die mich von Düsseldorf her kannten. Dies erlebte ich in Berlin auf dem Ku-Damm, aber auch im französischen St. Malo. Am meisten überraschte mich jedoch beim Zaubern auf der bekannten Young Street in

Für Udo «Schrotti» ist es relativ einfach, ein Publikum anzulocken. Er hat sich in mehreren hundert Arbeitsstunden seine Computer-Müll-Maschine gebaut, die überall Aufsehen erregt.

Toronto (Kanada) eine Person mit dem Satz: «Den kenne ich aus Düsseldorf.»

Es gibt leider auch negative Begegnungen auf der Straße, denn nicht alle Menschen betrachten die Künstler als willkommene Abwechslung im Verkehrsgeschehen. So sind zum Beispiel manche Gastwirte der Meinung, daß ein Straßenkünstler die Gäste vertreibt, und es hat mancher Wirt schon manchen Künstler vertrieben, ohne jedoch zu merken, daß die Sympathien der Passanten beim Straßenkünstler blieben. Schließlich tragen sie oft dazu bei, daß Publikum in die Fußgängerzonen kommt, um Straßenkünste zu erleben und fast immer auch Gast der Wirte zu werden.

Wenn ich vertrieben wurde, was selten geschah, oder wenn es regnete, bin ich oft in einen der zahlreichen Jazzkeller in Düsseldorf gegangen und habe den Wirt gefragt, ob ich in den Musikpausen auftreten darf. Es wurde mir nie verwehrt, und so fand ich schnell heraus, daß das Jazzpublikum auch ein hervorragendes Zauberpublikum sein kann. Manche Kapellen, mit denen ich mich natürlich auch absprechen mußte, warteten häufig an den Wochenenden geradezu auf mich.

(In Gaststätten aufzutreten ist ganz und gar im Stile der Taschenspielertradition, wie der Leser später noch im Kapitel «Die Blüte der Taschenspieler» ab Seite 48 erfahren wird.)

2. Abteilung: Beschreibungen alter Taschenspielertricks

Obwohl die Zauberkunst alt ist, sind die Kunststücke im Grunde genommen nach wie vor jung. Solange die Taschenspielerkunst besteht, basieren ihre Wunder auf nur wenigen Grundprinzipien: Erscheinen, Verschwinden, Verwandeln, Schweben und Gedanken-Erraten.

Daß die Kunststücke der ersten Taschenspieler sogar nach wie vor zum großen Teil modern sind, liegt wahrscheinlich daran, daß die Requisiten kaum einer Mode unterworfen sind: Becher, Beutel und Perlen sind in ihren Grundformen zeitlos. Sie erscheinen dem Betrachter als bekannte Gebrauchsgegenstände, deren Zweck und Anwendung bekannt sind.

Dennoch ist so mancher Trick im Laufe der Zeit von Zauberkünstlern «vergessen» oder verdrängt worden. Effekt und Wirkung der Kunststücke haben jedoch dadurch nichts eingebüßt und sind nach wie vor verblüffend.

Das Becherspiel

Wie die Zuschauer den Trick sehen

Drei kleine Korkkugeln wandern unter drei Bechern hin und her und durchdringen sogar die Böden der Becher. Zum Schluß erscheint unter einem Becher eine große Frucht, z. B. eine Apfelsine.

Historisches

Dieses Kunststück vereinigt einige Prinzipien der Zauberei in sich: das Erscheinen, Verschwinden und Verwandeln. Drei Grundprinzipien, auf die bei vielen Kunststücken immer wieder zurückgegriffen wird.

Es ist *das* Kunststück der Taschenspieler.

In der bildnerischen Kunst findet man kein anderes Kunststück, das so häufig dargestellt worden ist. Eine der frühesten Abbildungen des Becherspiels läßt sich auf einer Farbzeichnung in einer alten Tübinger Handschrift von 1404 erkennen.[1]

Das Geheimnis

Der Effekt wird durch große Fingergeschicklichkeit erzeugt. Außerdem kommt, für die Zuschauer unsichtbar, ab und zu eine vierte Kugel ins Spiel, die die Rolle einer der übrigen übernimmt.

Becherformen für das Becherspiel

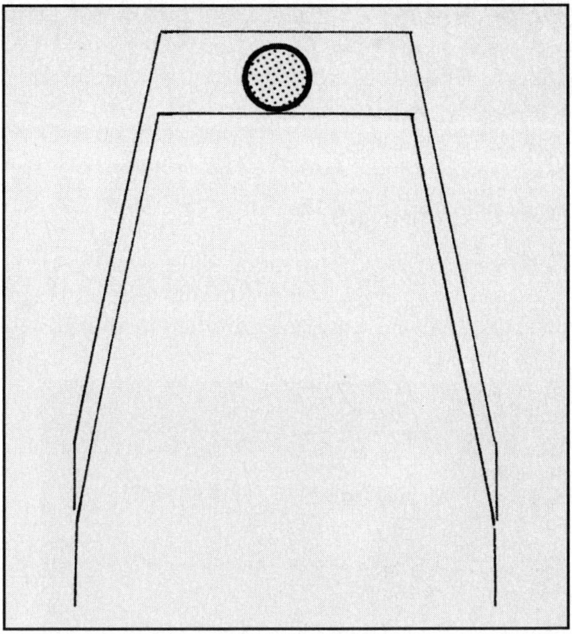

Zwischen den Becherböden muß Raum für eine vierte Kugel bleiben

Die Utensilien

Drei Becher.

Im allgemeinen nimmt man Metallbecher, doch kann man ebensogut andere Gefäße verwenden, die in etwa der Form auf der Abbildung ähneln.

Wenn die Becher ineinander stehen, muß zwischen den Becherböden ausreichend Raum vorhanden bleiben, damit eine kleine Kugel bequem dazwischenliegen kann (Abbildung).

Vier kleine Kugeln.

Sie sind häufig aus Flaschenkorken geschnitten und mit Sandpapier glattgeschmirgelt.

Außerdem wird eine Apfelsine oder eine andere, ähnlich große Frucht benötigt. Wenn man ganz im Stile der alten Gaukler auftreten möchte, kann man noch zusätzlich einen Zauberstab benutzen.

Die gesamte Effektfolge wird auf einem Tisch vorgeführt (siehe auch Nachgedanken).

Einen bestimmten Zaubergriff muß man sehr gut können, um einen optimalen Effekt zu erzielen. Der Griff läßt sich aber auch bei anderen Kunststücken anwenden. Er ist ein Grundgriff, den jeder Taschenspieler beherrschen sollte.

Der Verschwindegriff

Nehmen Sie einen der kleinen Bälle und setzen Sie ihn auf die zur Faust geformte linke Hand. Mit der rechten Hand nehmen Sie nun den Ball weg, und dabei passiert der eigentliche Trick.

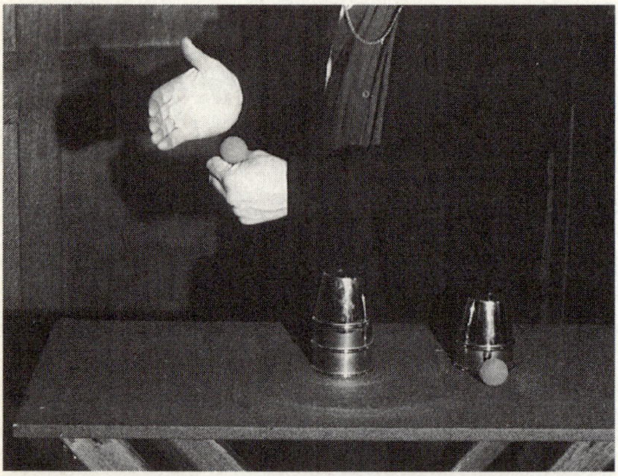

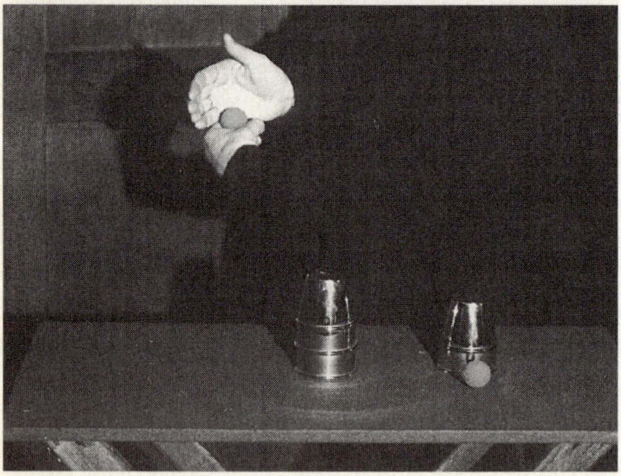

Der Verschwindegriff. Sowie die rechte Hand die Kugel den Blicken der Zuschauer entzogen hat, öffnet sich die Linke, um die Kugel aufzunehmen

Wenn die Rechte den Ball völlig verdeckt hat, öffnen Sie die Linke so weit, daß der Ball in diese hineingleiten kann. Gleichzeitig schließt sich die rechte Hand, als hielte sie den Ball, und bewegt sich nach rechts. Mit dem linken Zeigefinger zeigen Sie auf die Rechte, dies unterstützt die kleine Illusion, als ob der Ball auch wirklich in der rechten Hand sei. Danach lassen Sie die Linke zur Seite nach unten gleiten und öffnen langsam die Rechte. Der Ball ist verschwunden.

Üben Sie den Griff mit beiden Händen vor dem Spiegel, um ihn aus der Zuschauerperspektive zu beobachten.

Nehmen Sie zuerst einmal den Ball wirklich fort, damit Sie sehen, wie es für die Zuschauer aussehen soll.

Wie schon angedeutet, können Sie diesen Griff auch mit anderen handlichen Gegenständen ausüben.

Der berühmte amerikanische Zauberkünstler Dai Vernon[2] sagt stets: «Be natural», sei natürlich. Dies bedeutet: Wann immer Sie einen Kunstgriff ausführen, schauen Sie ihn sich im Spiegel an, als würden Sie den Griff tatsächlich, ohne Trickhandlung ausüben. Und genau so sollte dann auch der Kunstgriff aussehen. Seien Sie natürlich.

Die Vorbereitung

Die Becher stehen mit der Öffnung nach oben ineinander auf dem Tisch. Im mittleren befindet sich eine und im oberen drei weitere Kugeln. Daneben liegt der Zauberstab. In der links umhängenden Gaukeltasche oder in der linken äußeren Jackentasche befindet sich die Frucht.

So wird der Trick vorgeführt

Es gibt für dieses Kunststück keine einheitliche Vorführart. Das Erscheinen und Verschwinden der Kugeln unter den Bechern kann in beliebiger Folge geschehen. Lediglich der Schluß ist insofern vorgegeben, als zur Überraschung die große Frucht erscheint.

Im Nachfolgenden beschreibe ich meine Vorführung, die ich Einzelbeschreibungen aus Zauberbüchern des 18. und 19. Jahrhunderts entnommen habe. Die Abfolge ist nicht zu lang und somit für den Betrachter überschaubar.

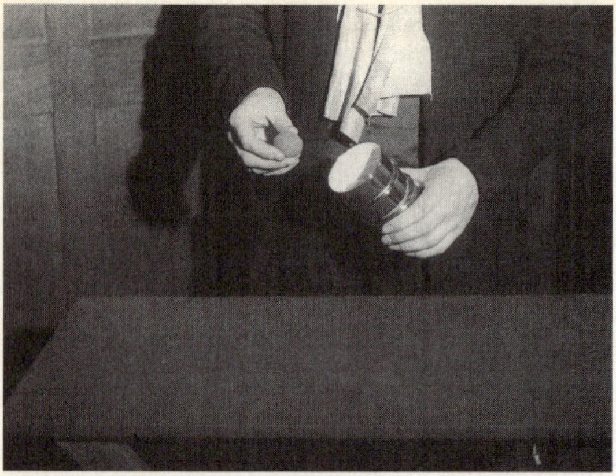

Halten Sie die drei ineinanderstehenden Becher so in der rechten Hand

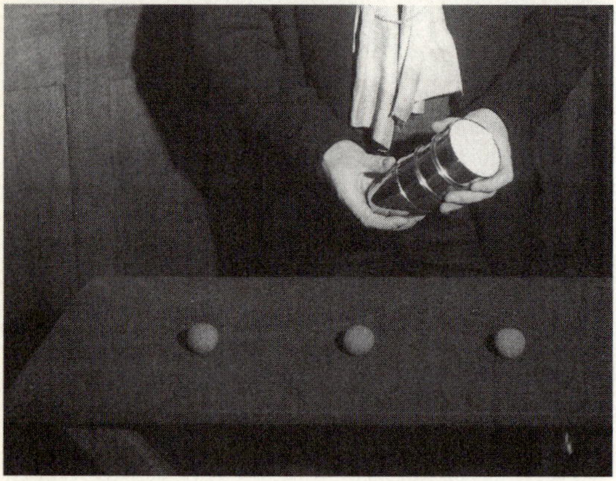

1. Tour

Nehmen Sie die Becher auf und halten Sie sie in der linken Hand (Abbildungen oben).

Rollen Sie aus dem oberen Becher die Kugeln heraus und legen Sie sie im Abstand von 20 cm zueinander auf den Tisch.

Ein Kunststück mit drei Kugeln: Omnidic, Benedic und Maledic![3]

Mit der Rechten ergreifen Sie dann den unteren Becher, ziehen ihn nach unten ab und stellen ihn mit etwas Schwung mit der Öffnung auf den Tisch, hinter die rechts liegende Kugel. Ebenso wird der mittlere

Die Ausgangssituation: Von unten wird ein Becher nach dem anderen abgezogen und nebeneinander hinter jeweils eine Kugel gestellt

Becher auf den Tisch hinter die mittlere Kugel gestellt. Der Schwung verhindert, daß die verborgene Kugel herausfällt. Der letzte Becher wird hinter die dritte, links liegende Kugel gestellt (Abbildung oben).

Für die Zuschauer haben Sie drei leere Becher hinter drei Kugeln gestellt.

Nehmen Sie die rechte Kugel und legen Sie sie auf den mittleren Becherboden. Darüber geben Sie den rechten Becher. Mit dem Zauberstab können Sie an dem Becher entlangfahren und z. B. Hokus Pokus sagen.

Danach nehmen Sie beide Becher zusammen hoch, und man sieht, daß die Kugel offensichtlich den Becherboden durchdrungen hat. Die beiden Becher halten Sie in der linken Hand so wie ganz zu Beginn.

Sie ziehen nun den unteren Becher in der oben beschriebenen Art ab und stellen ihn mit etwas Schwung über die Kugel, die scheinbar den Boden durchdrungen hat. Sie können dazu sagen:

Daß die Kugeln die Becherböden durchdringen, zeige ich gleich noch einmal.

Sie nehmen die mittlere Kugel und legen sie auf den Becher und geben dann den Becher aus der Hand darüber. Nach dem Zauberspruch und einer beschwörenden Geste mit dem Zauberstab heben Sie beide Becher hoch, und man sieht nun zwei Kugeln.

Die Kugeln können aber auch zwei Böden durchdringen.

Setzen Sie den unteren Becher aus der Hand in bekannter Weise über die beiden Kugeln und darauf den zweiten Becher. Die dritte Kugel – die links liegende – geben Sie nun auf den obersten Becherboden und setzen dann den links stehenden Becher darüber. Zauberspruch und Bewegung mit dem Zauberstab – und wenn Sie alle drei Becher zusammen hochheben, liegen die drei Kugeln darunter.

Zwischenstand:
Auf dem Tisch liegen drei Kugeln zusammen und in ihrer linken Hand befinden sich wie zu Beginn drei ineinander stehende Becher, Öffnung nach oben. Im unteren Becher befindet sich die vierte, verborgene Kugel.

Legen Sie die Kugeln mit der rechten Hand wieder mit Abstand von 20 cm nebeneinander auf den Tisch. Die Becher stellen sie in bekannter Weise derart hinter den Kugeln ab, daß der Becher mit der vierten Kugel hinter der mittleren ist.

2. Tour
Die Kugeln können aber noch mehr, sprechen Sie und nehmen die rechts liegende von der linken scheinbar in die rechte Hand (Verschwindegriff) und schlagen diese Hand gegen das rechte Ohr. Sie schlagen quasi die Kugel in Ihr Ohr hinein. Danach heben Sie mit dieser Hand, die Sie ihren Zuschauern leer präsentiert haben, den mittleren Becher hoch, zeigen, daß die Kugel darunter angekommen

ist, und übergeben ihn in die linke Hand, die heimlich die darin verborgene Kugel in den Becher fallen läßt (Abbildung unten).
Die erschienene Kugel wird wieder rechts hingelegt und der Becher in der Linken mit der verborgenen Kugel in die Mitte gestellt.
Dann nehmen Sie die mittlere Kugel scheinbar in die Rechte, gehen unter den Tisch, so, als ob Sie die Kugel von unten durch den Tisch unter den Becher zaubern wollten. Zeigen Sie die Rechte leer, heben mit ihr den Becher hoch, präsentieren die darunter liegende Kugel und geben den Becher in die Linke, die die darin verborgene Kugel wieder hineinfallen läßt. Die soeben «erschienene» Kugel wird wieder auf ihren Platz auf dem Tisch gesetzt und dahinter der Becher aus der Linken gegeben.

Mit der letzten Kugel machen wir es etwas anders, sagen Sie, und zwar wird die in meine Tasche gegeben, aus der sie wieder unsichtbar unter den Becher wandern soll.

Sie nehmen die Kugel in Ihre Linke und geben sie in die Gaukeltasche. Lassen Sie sogleich die Kugel los, um die Frucht zu ergreifen, während gleichzeitig die Rechte den mittleren Becher hochhebt, um die Kugel darunter zu zeigen. Sofort gibt die Rechte den Becher in gewohnter Weise in die Linke, die die Frucht hineinfallen läßt und den Becher zügig auf den Tisch stellt.

Nun fragen Sie sich vielleicht, wie ich dieses Kunststück ausführe. Vielleicht denken Sie, es ist bestimmt eine vierte Kugel im Spiel.

Dies dürfen die Zuschauer natürlich nicht sehen: so fällt die verborgen gehaltene Kugel in den Becher

Richtig, die habe ich auch, nur ist diese vierte Kugel größer und eine Apfelsine.

Während Sie diese oder ähnliche Worte sprechen, setzen Sie den linken Becher auf den mittleren und dann den rechten auf beide, so daß nun ein Becherturm auf dem Tisch steht. Die Kugeln nehmen Sie auf und stecken sie in die Tasche. Zum Schluß heben Sie den Becherturm hoch und zeigen die Apfelsine vor.

Nachgedanken

Das Becherspiel ist bis heute ein beliebtes Kunststück, an dem viele bekannte Zauberkünstler ihre Geschicklichkeit messen. Es sind im Laufe der Zeit die unterschiedlichsten Effektabläufe kreiert worden. So läßt z. B. der schon erwähnte Dai Vernon zum Schluß unter jedem der drei Becher eine Frucht erscheinen.

Obwohl das klassische Becherspiel auf dem Gaukeltisch gezeigt wird, können Sie es auf einem beliebigen Tisch vorführen oder einen solchen improvisieren:

Fordern Sie zwei Zuschauer zum Mitspielen auf und bitten Sie sie, sich links und rechts von Ihnen aufzustellen. Geben Sie den beiden eine Platte, ein Brett oder ähnliches zum Halten, und Sie haben «Ihren» Tisch.

Verwechseln Sie dieses Kunststück bitte nie mit jenem, bei dem kleine Nußschalen bzw. Fingerhüte eine Rolle spielen. Die Zuschauer werden dabei vom Vorführer aufgefordert, zu raten, unter welcher Nußschale sich eine Kugel befindet. Hierbei handelt es sich stets um ein Falschspiel. Setzen Sie lieber bei derartigen Vorführungen kein Geld ein, denn das werden Sie sicherlich verlieren. Die Falschspieler arbeiten häufig mit mindestens zwei weiteren eingeweihten Personen zusammen und täuschen dem Publikum vor, man könne bei dem Spiel Geld gewinnen. Dieses «Ratespiel», das auch mit Spielkarten praktiziert wird (hier muß man die einzige schwarze zwischen zwei roten Karten finden), wird meistens in sehr belebten Straßen und Märkten angeboten.

Sie werden immer verlieren. Glauben Sie mir, denn selbst wenn Sie die tatsächliche Lage der Kugel kennen sollten, kennt der Vorführer jeden Trick, um die Kugel auch noch von dort verschwinden zu lassen, um sie an anderer Stelle hervorzubringen.

Großmutters Halsband oder Die Korallen

Wie die Zuschauer den Trick sehen

Auf zwei Bindfäden sitzen drei Perlen oder Kugeln. Ein Zuschauer hält in jeder Hand jeweils zwei Enden der Fäden, so daß es unmöglich erscheint, die Perlen von den Fäden zu nehmen, ohne daß der Zuschauer wenigstens ein Paar Enden losläßt. Der Zauberkünstler nimmt aus jeder Hand des Zuschauers je ein Bindfadenende, verknotet es über den Perlen und gibt die Enden in die Hände des Zuschauers zurück. Nun scheint es völlig unmöglich, die Perlen zu befreien, ohne daß der Zuschauer die Fäden losläßt.

Dennoch gelingt es dem Zauberkünstler, und zum Schluß hält der Zuschauer, der zu keinem Zeitpunkt die Enden losgelassen hat, beide Fäden unverknotet zwischen seinen Händen, während der Taschenspieler die drei Perlen in seiner Hand hält.

Historisches

Dies ist neben dem Becherspiel das älteste Zauberkunststück der Straßengaukler. Es wurde bereits 1584 in Reginald Scots (1538–1599) «Discoverie of Witchcraft»[4] erklärt. «A notable feate of fast or loose», ein bemerkenswertes Kunststück, gefesselt oder frei.

Der Name «Großmutters Halsband» ist vermutlich erst im 19. Jahrhundert entstanden.[5] In meinem ältesten Zauberkasten von 1840 wird das Kunststück als «Der Trick mit den Korallen» bezeichnet.

Das Geheimnis

Die beiden Fäden sind auf besondere Weise miteinander verschlungen und laufen nicht richtig durch die Perlen.

Die Utensilien

Benötigt werden drei Perlen, die man in Bastelgeschäften erhalten kann. Die Perlen können Kugel- oder Ellipsenform haben. Man kann auch Garnrollen verwenden.

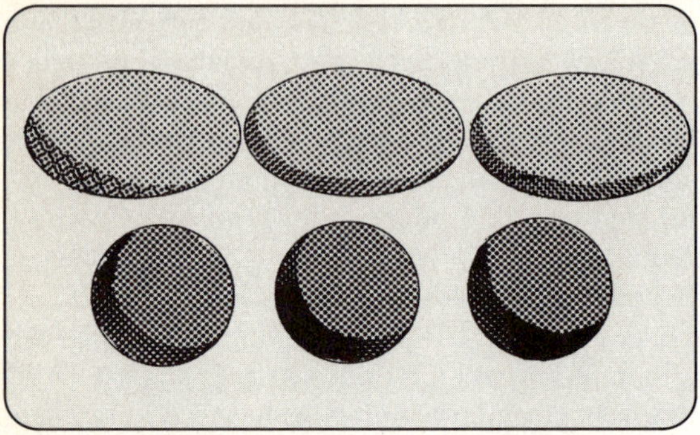

Kugeln und Perlen lassen sich für dieses Kunststück verwenden

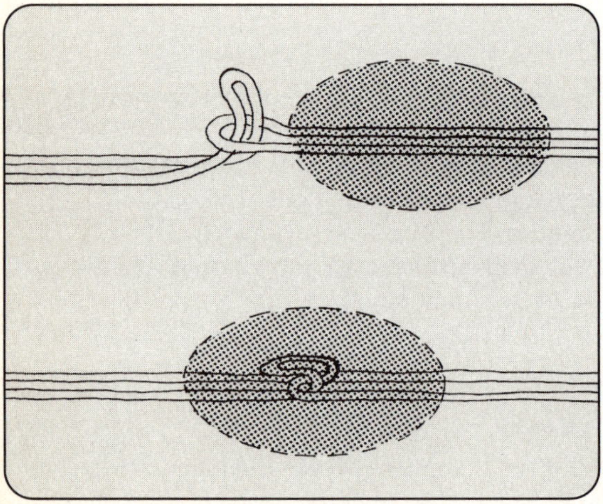

So sieht es im Inneren der Perle aus

Die Vorbereitung

Die beiden Fäden, die eine Länge von etwa 30 bis 40 cm haben sollten, werden so durch eine Perle geführt, wie es auf der Abbildung zu sehen ist. Ein Faden wird in der Mitte zusammengelegt und mit beiden Enden gleichzeitig durch die Perle gezogen, bis die Mitte etwa 1 cm aus einer Seite der Perle herausschaut. Der zweite Faden wird nun ebenfalls in der Mitte zusammengelegt und dessen Mitte durch die Mitte des ersten Fadens, der ja noch aus der Perle hervorschaut, gegeben. Wenn jetzt die Enden des ersten Fadens angezogen werden, verschwinden beide Mitten im Innern der Perle. Die Abbildung zeigt, wie es in der Perle aussieht.

Rechts und links von dieser Perle geben Sie nun jeweils eine weitere Perle dazu. Die richtige Fadenstärke muß natürlich vorher ausprobiert werden.

So wird der Trick vorgeführt

Zeigen Sie dem Publikum die beiden Fäden, auf denen drei Perlen sitzen.

Geben Sie einem Zuschauer alle Fäden zum Halten, d. h., er soll in die linke Hand und in die rechte Hand je zwei Fäden nehmen. Von jeder Hand nehmen sie jetzt je einen Faden und schlagen damit einen Knoten über den Perlen. Wenn Sie nun die Enden in die Hände zurückgeben, müssen Sie darauf achten, daß nicht die gleichen Enden in die Hände gelegt werden. Das Ende, das zuvor in der rechten Hand gehalten wurde, gelangt nun in die linke und umgekehrt.

Weisen Sie noch einmal darauf hin, daß die Perlen absolut fest auf den Schnüren sitzen und daß man sie erst von den Schnüren nehmen kann, wenn die Enden losgelassen werden. Der Zuschauer soll deshalb die Enden besonders fest-, aber nicht strammhalten.

Legen Sie ein Tuch über die Perlen, und greifen Sie darunter. Schieben Sie eine äußere Perle etwas zur Seite und ziehen dann vorsichtig die Fadenmitten aus der mittleren Perle. So können alle drei Perlen befreit werden. Wenn Sie merken, daß die Perlen in die Hand fallen, bitten Sie den Zuschauer, die Fäden stramm zu ziehen. Holen Sie dann die Perlen unter dem Tuch hervor, das Sie danach abnehmen. Der Zuschauer hält zwei Fäden ohne Knoten zwischen den Händen.

Nachgedanken

Im Gegensatz zum Becherspiel haben «Großmutters Perlen» im Laufe der Jahre leider an Attraktivität verloren. Es gibt kaum Zauberkünstler, die das Kunststück heute noch in seiner ursprünglichen Form zeigen. Es existiert nur noch in Zauberkästen für Kinder.

Das Trickprinzip der beiden «verbundenen» Schnüre ist jedoch in Verbindung mit anderen Zusatzrequisiten erweitert worden. So gibt es ein sehr verblüffendes Kunststück, das ebensogut hervorragend für die Straße geeignet ist und in der 5. Abteilung beschrieben wird.

Der Eierbeutel

Wie die Zuschauer den Trick sehen

Ein kleiner, handlicher Beutel wird von innen und außen einwandfrei leer gezeigt. Plötzlich erscheint ein Ei in dem Beutel. Es verschwindet wieder, um nach einer scheinbaren Erklärung schließlich noch einmal zu erscheinen.

Historisches

Auch dieses Kunststück stammt aus den frühen Zeiten der Taschenspieler. Damals ließ man nicht nur ein Ei erscheinen, sondern so viele wie möglich. Zum Abschluß wurde sogar eine lebende Henne produziert.[6]

Das Geheimnis

Der Beutel hat eine geheime Abteilung, die das Ei verbergen und zu jedem beliebigen Zeitpunkt wieder freigeben kann.

Die Utensilien

Sie benötigen den speziellen Beutel, ein ausgeblasenes oder hartgekochtes Ei oder eine Eiattrappe. In Geschenkboutiquen gibt es z. B. häufig Kerzen in Eiform, die sehr natürlich aussehen.

Die Vorbereitung

Besorgen Sie sich einen dunklen Leinenstoff mit den ungefähren Maßen 21×75 cm und legen Sie ihn der Länge nach vor sich hin. Ein knappes Drittel des Stoffes schlagen Sie von links nach rechts um. Von rechts schlagen Sie den Stoff nach links über die beiden Lagen.

Wenn Sie jetzt den Stoff an den Längsseiten zusammennähen, erhalten Sie einen Beutel, dessen eine «Wand» doppelt liegt und die im Innern in Bodennähe eine Öffnung aufweist. Durch diese können Sie zwischen die doppelten Wände gelangen. Die Zeichnungen erläutern den Beutel deutlich.

Wenn Sie mit dem ausgeblasenen Hühnerei zaubern wollen, verschließen Sie mit weißem Kerzenwachs die Luftlöcher.

Geben Sie danach das Ei in das geheime Abteil.

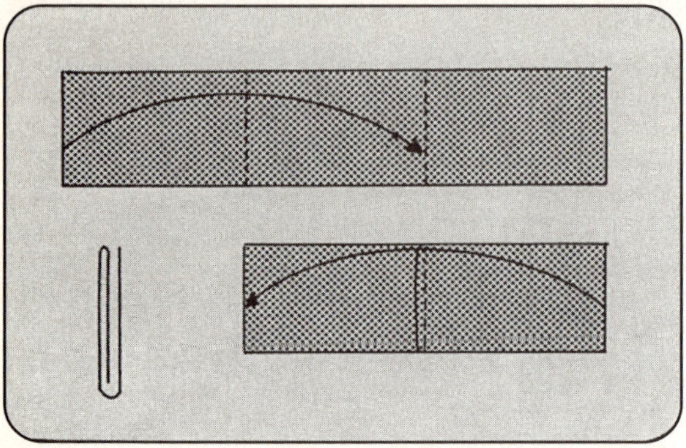

So wird der Eierbeutel zusammengenäht

So wird der Trick vorgeführt

In dem nun folgenden Vortrag zu dem Kunststück spreche ich von einem roten Beutel, den ich bei den Vorstellungen benutze. (Siehe dazu unten die Nachgedanken.)

> *Ein kleiner roter Beutel. Er ist der kleinste, den ich in dieser Größe bekommen konnte. Außen genauso hellrot wie innen dunkelrot.*

Während Sie dies oder ähnliches sprechen, setzen Sie den Beutel auf Ihre rechte Hand, die Doppelwand mit dem Ei ist auf Ihren Körper gerichtet. Nun zeigen Sie den Beutel von innen und außen wie folgt: Ziehen Sie den Beutel mit der Linken von Ihrer rechten Hand so weit ab, bis der Rand der Beutelöffnung die rechte Handfläche berührt und Sie in der Hand das Ei fühlen können. Halten Sie das Ei durch den Stoff fest, und greifen Sie mit den Fingern der Linken ebenfalls in den Beutel. Jetzt können Sie ihn nach außen krempeln, um zu zeigen, daß nichts darin verborgen ist. Sie können auch mit dem Beutel, den die rechte Hand nicht losläßt, auf die Linke schlagen. Ein zusätzlicher Beweis für die Leere im Beutel.

Und kein Mensch darin verborgen. Dem wäre ja auch schon längst schwindelig.

Während des Umkrempelns schlagen Sie mehrere Male auf die linke Hand, wie oben beschrieben.

Krempeln Sie den Beutel wieder zurück und halten Sie ihn mit beiden Händen senkrecht vor sich, wobei sich die Zeigefinger im Beutel befinden.

Geben Sie den Beutel aus der Rechten frei.

Trotzdem kann ich damit zaubern. Nur mal in die Luft gegriffen und in den Beutel geworfen. Reingreifen, rausholen – und ein Ei ist erschienen.

Führen Sie mit der Rechten greifende Bewegungen in der Luft aus und dann eine Wurfbewegung in Richtung Beutel.

Greifen Sie dann hinein und zeigen Sie das Ei.

So wie das Ei erschienen ist, kann es natürlich auch wieder verschwinden. Einfach zurück in den Beutel geben. Eins zwei drei, und schon ist es verschwunden, und der Beutel ist wieder leer. Ein tolles Kunststück, nicht wahr? Ja, ich weiß, ich habe jahrelang daran gearbeitet.

Während Sie dies sagen, geben Sie das Ei mit der Rechten in den Beutel und sofort von unten in das Geheimfach. Die Linke hält den Beutel von außen am Boden fest. Die Rechte geht aus dem Beutel, der nun senkrecht mit der Öffnung nach unten in der Linken gehalten wird, und gibt vor, das Ei unter die linke Achsel zu klemmen. Sie halten daraufhin auch ihren linken Unterarm steif am Oberkörper und zeigen mit dem angewinkelten Arm den Beutel auf die oben beschriebene Art leer vor. Einige Zuschauer werden nicht zufrieden sein und denken, das Ei sei unter dem linken Arm.

Dieses Täuschungsmanöver ist als Finte gedacht, die die anschließende Scheinerklärung provozieren soll.

Nein, unter dem Arm ist nichts verborgen.

Dabei heben Sie den rechten Arm.

Wenn nun die Stimmen laut werden und man Sie auffordert, doch den linken Arm zu heben, geben Sie den Beutel in die rechte Hand und führen die linke Hand zum Ohr, wobei Sie den Arm deutlich anheben und sagen:

Wie meinen Sie? Ich freue mich immer über kritische Zuschauer.

Es soll die Geste entstehen, die man ausführt, wenn man angeblich schlecht verstanden hat, was gesagt wurde.

Einfach in die Luft greifen, reinwerfen, reingreifen, rausholen und da ist es wieder.

Lassen Sie das Ei nun wieder aus dem Beutel erscheinen.

Durch die oben gewählte Alliteration entsteht ein Rhythmus, der zusammen mit den Handbewegungen den Effekt des Erscheinens verstärkt.

Meine Damen und Herren, Sie sind so ein nettes und tolles Publikum, daß ich denke, ich kann Ihnen das Kunststück ein wenig erklären. Kommen Sie mal alle etwas näher. – Danke, das genügt.

Sie sagen dies, während Sie das Ei rechts und den Beutel links halten. Seien Sie nur vorsichtig, denn bei der Aufforderung, näherzukommen, kommt das Publikum garantiert auf Sie zu.

«So legen Sie die Hand mit dem Ei hinter den Beutel»

Wenn Sie das Ei in den Beutel geben, geben Sie es nicht wirklich hinein, sondern nehmen es heimlich wieder mit heraus.

Geben Sie das Ei mit der rechten Hand in den Beutel und halten es in der Hand fest, die sofort wieder aus dem Beutel kommt. Der Handrücken ist gegen die Zuschauer gerichtet.

Hier ist das Ei.

Drehen Sie die Hand um, so daß das Publikum das Ei in der Hand erkennen kann.

So legen Sie die Hand mit Ei hinter den Beutel und können ihn leer zeigen. Beim Umkrempeln lassen Sie das Ei wieder in den Beutel fallen. Greifen rein und holen es hervor. Schon fertig. Ist einfach, nicht wahr?

Aber es gibt auch eine Schwierigkeit dabei, auf die ich Sie natürlich aufmerksam machen möchte.

Zeigen Sie den Beutel erst einmal genauso vor wie oben beschrieben, lediglich mit dem Unterschied, daß das Ei außen gehalten wird und nicht innen in dem Geheimfach.

Zum Schluß halten Sie wieder das Ei rechts und den Beutel links.

Wenn Sie also das Ei scheinbar in den Beutel geben und in Wirklichkeit ja wieder mit herausnehmen, kann es sein, daß Sie gefragt werden, warum Sie die Hand so komisch halten. Tja, was machen Sie dann?

Das ist eigentlich auch recht einfach. Sie zerreiben das Ei und legen es in die Luft. Jetzt können Sie in aller Ruhe den Beutel leer zeigen. Das Ei sind Sie ja los, es liegt dort in der Luft.

Geben Sie das Ei in den Beutel und sofort in das Geheimfach, kommen aber mit der rechten Hand so aus dem Beutel, als wäre das Ei darin verborgen. Mit der linken Hand, die auch den Beutel hält, tippen Sie gegen die rechte, wenn Sie sagen: warum Sie die Hand so komisch halten.

Danach geben Sie vor, das Ei zu zerreiben und «legen es einfach in die Luft».

Anschließend zeigen Sie den Beutel in bekannter Weise leer vor.

«Das Ei wird einfach in die Luft gelegt»

Zum Schluß greifen Sie wieder in die Luft und holen das Ei – vorausgesetzt, Sie wissen noch, wo Sie es hingelegt haben – werfen es in den Beutel, greifen rein, holen es heraus und nehmen den Rest Applaus entgegen.

Nachgedanken I

Die meisten Zauberkünstler, die dieses Kunststück vorführen, benutzen einen schwarzen Beutel. Aber diese Farbe muß ja nicht sein. Jede andere, dunkle ist ebenso brauchbar. Mein Eierbeutel ist, wie schon angedeutet, z. B. rot.

Auch wenn dieses Kunststück sehr bekannt ist, hat es bei einer flotten Vorführung einen garantiert überzeugenden Erfolg.

Vor einigen Jahren lagen die Utensilien für dieses Kunststück einer bekannten, großen Jugendillustrierten bei, und viele Zauberkünstler befürchteten, daß nun dieser schöne Trick verdorben sei, weil jedes Kind das Geheimnis kenne. Daß dies nicht so sein muß, kann ich dadurch belegen, daß ich in den Tagen, als jene Ausgabe erschien, vor Kindern zauberte und auch den Eierbeutel vorführte. Niemand kam auf die Idee, daß mein Beutel genauso funktioniert wie jener, der der Zeitschrift beigelegen hatte.

Nachgedanken II

Eierbeutel, Becherspiel und Großmutters Halsband sind drei Kunststücke, die die Tradition der Taschenspieler widerspiegeln und die sich für Straßenauftritte auch heute noch bestens eignen.
Nimmt man das Feuerschlucken hinzu, hat man bereits eine komplette Taschenspielerdarbietung, die man mehrmals unmittelbar hintereinander vorführen kann, ohne umständliche Vorbereitungen und Präparationen zu treffen. Eine Tatsache, die bei Auftritten auf der Straße wichtig ist.
Es gibt zwar eine Fülle von Zauberkunststücken, deren genaue Anzahl nie komplett zu erfassen ist, aber für die Straße eignen sich am besten die Effekte, die man unmittelbar nach der Vorführung sofort wieder präsentieren kann. Das bedeutet, daß diese Kunststücke nur mit den tatsächlichen Requisiten vorgeführt werden, die der Zuschauer auch sieht.
Angeregt durch den Fernsehfilm «Die Kunst der Täuschung»[7] habe ich zwei Kunststücke in mein Programm aufgenommen, die ich zwar aus den frühen Zauberbüchern des 16. und 17. Jahrhunderts kannte, die ich jedoch als Effekte für die heutige Zeit nicht mehr für geeignet hielt.
Wenn man aber den Zuschauern von der Tradition der Taschenspieler berichtet und ihnen erzählt, daß die alten Gaukler die Zauberkunststücke auch dazu benutzten, ein Publikum anzulocken, um anschließend andere Güter und Dienstleistungen anzubieten, dann hat man eine Brücke zu den nun folgenden Kunststücken geschlagen.
Beide Effekte zeige ich seitdem sehr gern in meinem Soloprogramm «Schöner Schein» und habe mit ihnen guten Erfolg.

Die Zauberahle

Wie die Zuschauer den Trick sehen

Ein Messer oder eine Ahle wird durch die Nase gestochen.

Historisches

Mit «To thrust a bodkin into your head, and through your toong» bezeichnete bereits Scot in seiner «Discoverie» dieses Kunststück.

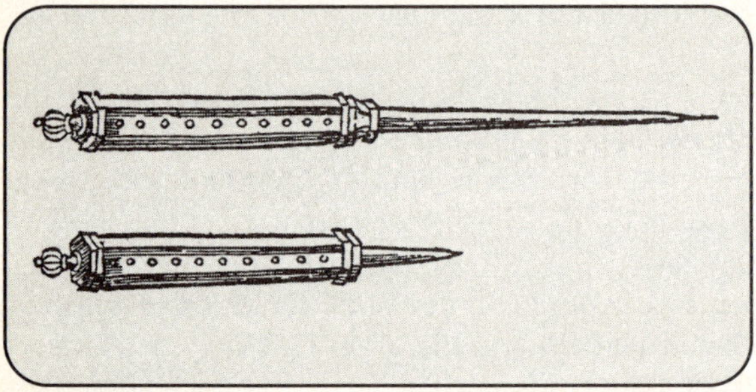

Die Ahle, wie sie in einem der ersten Zauberbücher abgebildet wurde

Das Geheimnis

Die Ahle läßt sich in Wirklichkeit zusammenschieben. Die Klinge oder der Dorn wird in den Handgriff geschoben und ruft so die Täuschung hervor, als ob damit tatsächlich die Haut verletzt würde.

Die Utensilien

Die Ahle finden Sie bei einem der im Anhang aufgeführten Händler. Oder stellen Sie sie sich mit einfachen Mitteln selbst her. Ein hohler Handgriff und ein Eisendrahtstift, der in den Griff paßt, wird benötigt.

Der Draht kann mit einer Springfeder im Innern versehen sein. Auf diese Weise erscheint der Draht aus dem Handgriff auch bei waagerechter Vorführung.

Ohne Feder müssen Sie die Ahle senkrecht halten, damit der Draht durch sein eigenes Gewicht hervorgleitet.

Die Vorbereitung

Um das Kunststück thematisch einzubinden, stelle ich es immer im Anschluß an das Feuerschlucken vor. Spezielle Vorbereitungen sind nicht notwendig.

So wird der Trick vorgeführt

Häufig haben die Taschenspieler von damals die Zauberkunststücke dazu benutzt, um eine Menschenmenge anzulocken, der sie im Anschluß allerlei Tinkturen und Mittelchen verkauften. Diese Flüssigkeit z. B. hätte damals vielleicht 1 Gulden und 3 Kreuzer gekostet. Wenn man sich die Nasenflügel mit ihr einreibt, kann man zeigen, daß man unverwundbar ist.

Während Sie dies sagen, nehmen Sie aus Ihrer Benzinflasche einige Tropfen, die Sie sich auf die Nase geben. Sie können dies auch nur vorgeben und nicht wirklich Benzin verwenden.

Nun führen Sie den Dorn erst links in die Nase hinein und dann durch den anderen Nasenflügel.

Sie sehen, es fließt kein Blut. Und damit Sie sehen, daß die Nase regelrecht durchlöchert ist, werde ich dies mit einer Schnur beweisen, die ich hindurchziehen werde.

Die Ahle dringt scheinbar in die Nase

Nachgedanken

Obwohl dieses Kunststück in der Tat einfach und schnell zu durchschauen ist, bin ich fast jedesmal überrascht, wie viele Personen sich tatsächlich täuschen lassen und vor Erschütterung den Kopf wegdrehen.

Im unmittelbaren Anschluß daran zeige ich den dazu passenden Trick: «Der Faden durch die Nase».

Der Faden durch die Nase

Dieses Kunststück nannte man bereits damals schon:

EIN SAIL DURCH DIE NASE ZIEHEN

NIM ZWO STÜCKE FLIEDER ODER HALDERSTRAUCH HOLZ / STOSS DAS MARK HERAUS / UND LEIME SIE (WIE DIE FIGUR ANZEIGET) ZUSAMMEN. IN DEM ALSO AUSSGEHÖLETEN INSTRUMENT MUSS EIN SUBTILER FADEN DURCHGEZOGEN WERDEN / DESSEN ENDE AUS BEYDEN LÖCHERN GEHEN SOLLEN / WELCHE HIER ZWAR AUSSENWENDIG AUFF DIESEN BEYDEN STÖKKEN GEMACHT SEYN. DIESE HOLZ-GABEL SETZT AUFF DIE NASEN / DA SIE AM DICKESTEN IST, UND ZEUCH BALD AN EINEM ENDE DES STRICKLEINS / BALD AM ANDERN / SO WIRD ES EINEM DÜNCKEN / ALS OB DAS SAIL ODER DER FADEN DURCH DIE NASE GEZOGEN WÜRDE.

Die Zeichnungen und der alte Text, die dem Buch «Hocus Pocus»[8] entnommen sind, geben den Trick so wieder, daß er auch heute zu verstehen ist. Meine Holzgabel ist jedoch aus Fimo* geformt, ein Material, das sich leicht verarbeiten läßt und später mit Plakafarbe angemalt werden kann.

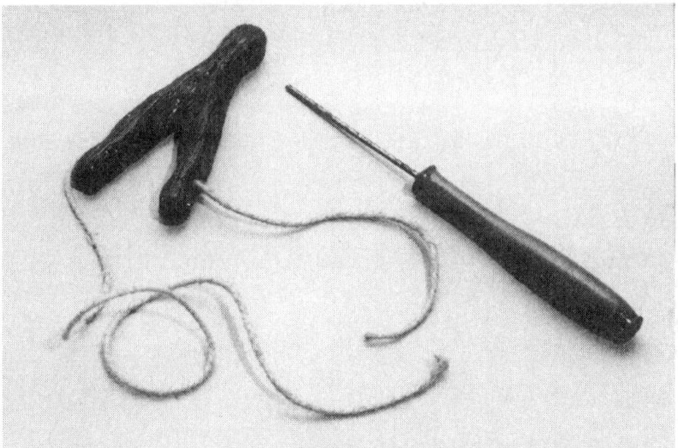

Die Fimo-Gabel und die Ahle, letztere wird in dieser Form von manchen Zauberhändlern vertrieben

* Fimo ist der Name einer Knet- und Bastelmasse, die man in Schreibwaren- und Bastelgeschäften erhält. Es läßt sich sehr leicht verarbeiten und ist auch für den ungeübten Bastler anwendbar.

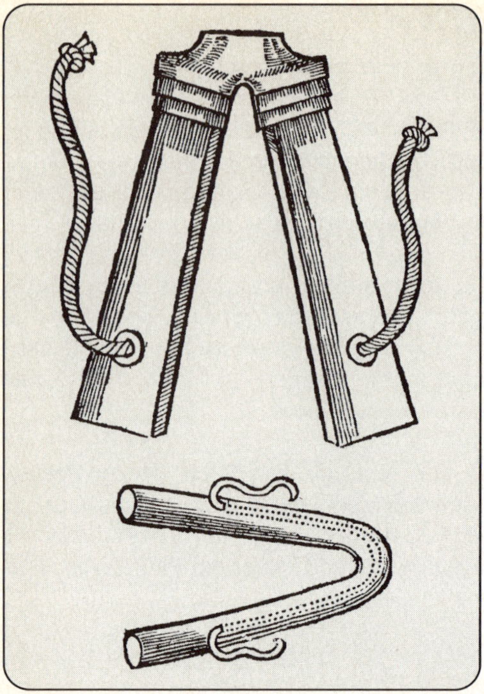

Wenn Sie dieses Kunststück zusammen mit der Ahle präsentieren, haben Sie eine sehr belustigende Effektfolge, die vom Publikum garantiert mit Lachen und Staunen zugleich aufgenommen wird.

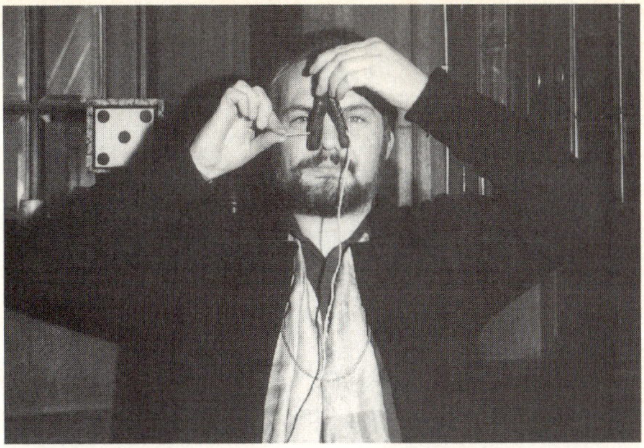

Die Holzgabel, wie sie früher von den Taschenspielern benutzt wurde

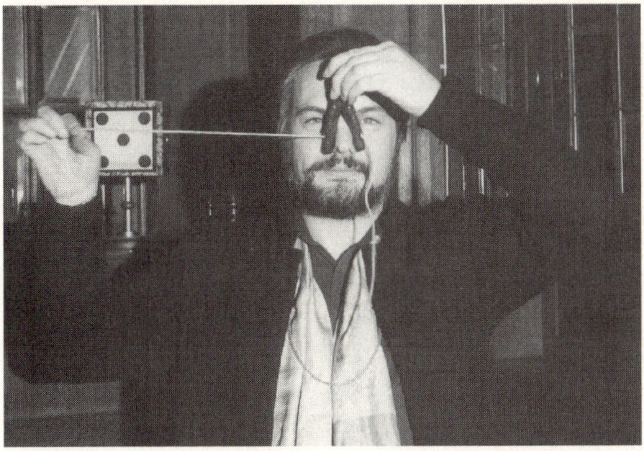

Scheinbar wird der Faden durch die Nase gezogen

3. Abteilung: Historisches

Wie populär und beliebt Taschenspieler damals waren, läßt sich besonders in der bildnerischen Kunst erkennen. Die in diesem Kapitel gezeigten Darstellungen sind nur ein Bruchteil von der Fülle an Grafiken, Gemälden und Zeichnungen, die es insgesamt gibt.

Darüber hinaus sind durch unzählige Bücher die Namen vieler Zauberkünstler überliefert, die sich um die Zauberkunst verdient gemacht haben. Sie haben ihr neue Impulse verliehen. Zwei von diesen wahren Meistern sind hier vertreten: Robert-Houdin und Hofzinser.

In der bekannten Pose der Taschenspieler, eines Escamoteurs, wird auf dieser Lithographie von 1831 Louis-Philippe (der «Bürgerkönig») dargestellt

Die Blüte der Taschenspieler

Besonders in Deutschland und Frankreich tauchen im 18. und 19. Jahrhundert zahlreiche Taschenspieler auf. Deren Auftrittsplätze waren neben Straßen und Märkten Scheunen und Wirtshäuser. In der bildnerischen Kunst findet man besonders in Frankreich unzählig viele Abbildungen der «Escamoteure»[9] häufig in Abbildungen mit politischen Themen. Auch in England muß der Taschenspieler häufig für politische Karikaturen herhalten, deren Zeichner die Prinzipien der Zaubertäuschungen auf die Politik übertragen.

Natürlich bietet auch Deutschland eine Reihe von Darstellungen der Taschenspieler, wie die hier abgebildeten Holzschnitte zeigen.

Auf diesem Steindruck von 1839, der einem Bild von Honoré Daumier nachempfunden ist, wird Robert-Macaire vor dem Gaukeltisch mit Becherspiel als Buchhändler dargestellt

Der Hexenmeister, nach einem Gemälde von E. Kotschenreiter, ca. 1890

Vom Taschenspieler zum Zauberkünstler

Es ist schon kurios, wie sich einerseits früher die Taschenspieler der Straßen und Märkte bemühten, ihre Kunst zur Bühnenkunst zu erheben, um damit letzten Endes salon- und gesellschaftsfähig zu werden, und wie andererseits heutige Zauberkünstler neben der Bühne auch die Straße wählen, um ebenso hier die Zauberei als Kunst zu präsentieren und zu zeigen, daß auch diese Vortragsform zu unserem Kulturgut gehört.

Nur eins hat sich kaum in den letzten Jahren geändert: damals wie heute kämpfen Taschenspieler um eine Anerkennung als Künstler, wie sie z. B. Schauspielern und Musikern zuteil wird.

Auch dieses Buch ist nur ein Versuch, die Zauberkunst zu würdigen, was sie meiner Ansicht nach verdient. In unserer Gesellschaft gilt der Zauberkünstler bei vielen nicht als Künstler, sondern ist immer noch mit dem Anschein des Unseriösen behaftet.

Vielleicht ist ein unklares Bild, das sich die Gesellschaft vom Taschenspieler macht, durch zu viele unterschiedliche Bezeichnungen entstanden, die den Hauch des Mysteriösen in sich bergen: Zauberer, Magier, Zauberkünstler, Täuschungskünstler.

Der Taschenspieler von V. March, ca. 1879

Der Taschenspieler von B. Vautier, ca. 1880

Die Gattungen Zauberer und Magier gibt es bereits seit Jahrhunderten bzw. Jahrtausenden. Gemeint wurden damit jedoch die Tempelpriester oder Medizinmänner, die oft die Geheimnisse der Kunststük-

«Alphabet Découpé» entstand um 1800 und zeigt, daß Kindern mit Hilfe des Taschenspielers das Alphabet beigebracht wurde

ke zu Machtdemonstrationen ausnutzten und sich über das gemeine Volk stellten.

Sie waren somit Betrüger, die ihre Mitmenschen bewußt täuschten. In ähnlicher Weise geschah dies auch noch im Mittelalter, in dem Quacksalber, Alchemisten und andere Wundermänner zu den Zauberern gezählt wurden.[10]

Als die Zunft der Taschenspieler entstand, gab es von vornherein kein Mißverständnis über den Anspruch ihrer Tätigkeit. Man spielte buchstäblich aus der Tasche.

Aber welcher Taschenspieler bezeichnet sich heute so? Es gibt etliche Kollegen und Liebhaber, die sich als Magier und Zauberer bezeichnen. Der Ausdruck Zauberkünstler ist zwar ein guter Kompromiß, zielt jedoch auch nicht eindeutig auf das, was die Kunst der Taschenspieler ausmacht.

Es sind rund 100 Jahre vergangen, seitdem die Zauberkunst zur Bühnenkunst wurde. Fast genau vor dieser Zeit nämlich gab es konkrete Bestrebungen, die Taschenspielerkunst salonfähig zu machen.

Die Namen zweier Taschenspieler ragen hier besonders aus der Geschichte hervor: Jean Eugène Robert-Houdin und Dr. Johann Nepomuk Hofzinser.

Der Franzose Robert-Houdin[11] eröffnete am 3. Juli 1845 sein kleines Theater in Paris und gab darin öffentliche Abendveranstaltungen.

Sein erfinderischer Geist und seine intellektuelle Einstellung zur Kunst der Taschenspielerei finden in seinem Heimatland auch noch heute bei zahlreichen Laien größte Bewunderung.

Beinahe zur gleichen Zeit versuchte in Österreich der Zauberkünstler Johann Nepomuk Hofzinser[12] ebenfalls, die Zauberkunst auf einem gehobeneren Niveau zu präsentieren. Er gilt noch heute, wie Robert-Houdin, als einer der kreativsten Erfinder von Zauberkunststücken.

Eine Lithographie, die den berühmten Dr. Johann Nepomuk Hofzinser zeigt

Obwohl Hofzinser fast alle seine zauberischen Erfindungen nach seinem Tode vernichten ließ, konnten dank Ottokar Fischers[13] emsigem Recherchieren die meisten Erfindungen Hofzinsers für die Nachwelt erhalten werden.

4. Abteilung: Feuerzaubereien

Spiele mit Feuer sind durchaus passende Kunststücke bei Straßenauftritten. Sie wurden bereits in alten Zauberbüchern des 18. Jahrhunderts beschrieben.[14] «Mit dem Feuer gokeln» und «gaukeln» liegen vom Wort her eng beieinander und gehören seit Beginn der Taschenspielertradition zusammen. Eine Wortverwandtschaft übrigens, die sich auch heute noch beim holländischen Zauberkünstler zeigt, der als «Gochelaar» bezeichnet wird.

Die Auftritte galten – wie schon eingangs erwähnt – nicht nur zur reinen Freude des Publikums, sondern auch zum «Anreißen», um anschließend Waren oder Dienstleistungen anzubieten.

Diese Verbindung von Neugier-Wecken und anschließendem Verkauf ist bis heute geblieben.

Zum «Anreißen» eignen sich besonders jene Attraktionen, die bereits ohne Worte auf sich aufmerksam machen können.

Ich kam auf das Feuerschlucken, als ich bereits ein Jahr auf der Straße gezaubert und immer häufiger gemerkt hatte, wie schwierig es ist, ein Publikum anzulocken. Als ich mir in jener Zeit eine Zirkusvorstellung anschaute, in der ein Feuerschlucker auftrat, faßte ich sofort den Plan, mein Publikum auf die gleiche Weise zu fesseln.

Obwohl die Wörter Schlucken und Speien zwei völlig verschiedene Tätigkeiten bezeichnen, wird häufig auch dann vom Feuerschlucken gesprochen, wenn Feuerspeien gemeint ist. Ich möchte jedoch die Begriffe klar getrennt halten, zumal auch zwei verschiedene Chemikalien benutzt werden.

Vorab eine Warnung: Wenn Sie mit dem Feuer spielen wollen, dann geschieht dies in Ihrer eigenen Verantwortung. Ich gebe Ihnen hier zwar meine Erfahrungen wieder, betone aber ausdrücklich, daß das Hantieren mit Feuer sehr riskant ist. Es ist bei weitem gefährlicher, als sich die Beschreibungen lesen.

Ich selber habe mir das Feuerschlucken und -speien ohne jede Anleitung angeeignet. Ich wollte es zwar bei dem Zirkusartisten erlernen, allerdings hatte dieser kein Interesse daran, es weiterzugeben. Er sagte mir lediglich, ich solle es einfach versuchen. Und prompt habe ich mich auch beim ersten Versuch verbrannt.

Erst später erfuhr ich, daß zu diesem Thema einzelne Aufsätze und Manuskripte existieren.

Die hier beschriebenen Methoden und Effektabfolgen stammen ausschließlich aus meiner Erfahrung.

Eine Fackel wird mit dem Mund gelöscht

Das Feuerschlucken

Wie die Zuschauer den «Trick» sehen

Eine brennende Fackel wird mit dem Mund gelöscht; oder es wird die flamme einer brennenden Fackel mit dem Mund aufgenommen und eine andere damit angezündet.

Historisches

Das Phänomen Feuer strahlte schon immer eine Macht aus, die die Menschheit in Angst und Ehrfurcht versetzte.

Bereits 134 v. Chr. soll es den Syrer Eunus gegeben haben, der mit

Feuerfontänen aus dem Mund seinen Landsleuten Macht demonstrierte.[15]

Noch im Mittelalter wurden häufig Feuerspiele demonstriert. Auch das Laufen über glühende Kohlen wurde in diesem Zusammenhang oft gezeigt.

Das Geheimnis

Beim Feuerschlucken und -speien kommt es auf zwei Dinge an:
1. Die Chemikalie und
2. die Technik.

Die Chemikalien

Zum Feuerschlucken nehme ich seit eh und je nur reines Wundbenzin, das ich in Apotheken kaufe.

Die Fackeln

Meine Fackeln bestehen aus dünnen Metallstäben. Es sind Kupferröhren, die im Baugewerbe im Sanitärbereich eingesetzt werden. Ein Ende jedes «Stabes» ist jeweils mit Watte umwickelt. Damit sich die Watte nicht so schnell auflöst, habe ich sie zusätzlich mit Baumwollfäden umwickelt (Anmerkung für erfahrene Zauberkünstler: die Baumwollfäden kann man aus geflochtenem «Zauberseil» ziehen). Die Größe der Fackel hängt von der Mundgröße ab (und bei mir auch von dem Durchmesser der Benzinflaschenöffnung). Der Stab sollte handlich sein, etwa 30 cm lang.

Anfangs können Sie mit kleinen, daumengroßen Fackeln beginnen.

Fackeln mit Holzgriffen sind nicht ratsam, denn man vergißt zu schnell, daß die Fackeln heiß werden, das Metall jedoch leitet die Hitze sofort weiter. Außerdem kann Holz fortfahren zu glühen, wenn die Fackel nicht gelöscht worden ist.

Die Fackel wird zügig über die Handfläche hinweggeführt

Die Technik

Das oberste Gebot lautet: Keine Angst vor dem Feuer haben.

Das Löschen der Fackel mit dem Mund

Tränken Sie eine Fackel mit dem Wundbenzin und lassen Sie sie dann ein paar Sekunden abtropfen. Halten Sie die Fackel in der linken Hand und zünden Sie sie mit einem Feuerzeug mit der anderen an. Nun kann es beginnen.

Der Trick besteht lediglich darin, gegen die Flamme zu «pusten». Das muß man allerdings gut üben.

Legen Sie Ihren Kopf soweit wie möglich nach hinten in den Nakken und führen die Fackel fast senkrecht in den geöffneten Mund.

Beim Einführen der Fackel atmen Sie gleichmäßig durch den Mund aus, so daß der Flamme ein Luftzug begegnet. Gleichzeitig schließen sich die Lippen um die Fackel, die so zum Erlöschen gebracht wird.

Sie können zu Beginn regelrecht gegen die Fackel pusten. Nach und nach werden Sie jedoch merken, daß ein gleichmäßiges «Hauchen» gegen die Fackel völlig ausreicht.

Üben Sie das Löschen der Fackel. Üben Sie es so lange, bis Sie den Kopf nicht vollends in den Nacken zu legen brauchen. Erst wenn das

Ausmachen der Fackel mit dem Mund keine Schwierigkeiten mehr bereitet, kann man zum nächsten «Trick» übergehen.

Das Anzünden einer Fackel mit dem Mund

Nehmen Sie eine frisch getränkte Fackel und zünden Sie sie an. Führen Sie sie in den Mund und ziehen nun die Luft mit dem Mund ganz vorsichtig und sacht ein. **Aber nicht inhalieren**, sondern nur in die Mundhöhle ziehen. Dabei führen Sie die Fackel wieder aus dem Mund und berühren mit ihr sanft die Lippen. Für wenige Sekunden bleibt auf ihnen ein Hauch von Benzin, das zwar schnell abbrennt, aber Zeit genug bietet, eine zweite, ebenfalls frisch getränkte Fackel daran zu halten und sie zu entzünden.

Die Flamme aus dem Mund

Wenn Sie keine Fackel mit dem Mund anzünden wollen, können Sie auch für wenige Sekunden die Flamme aus dem Mund lodern lassen.

Die Flamme auf der Hand

Dieses Kunststück können Sie relativ schnell ausführen. Nehmen Sie die brennende Fackel und streichen Sie mit ihr über die freie flach gehaltene Hand. Für einen kurzen Moment wird darauf eine Flamme

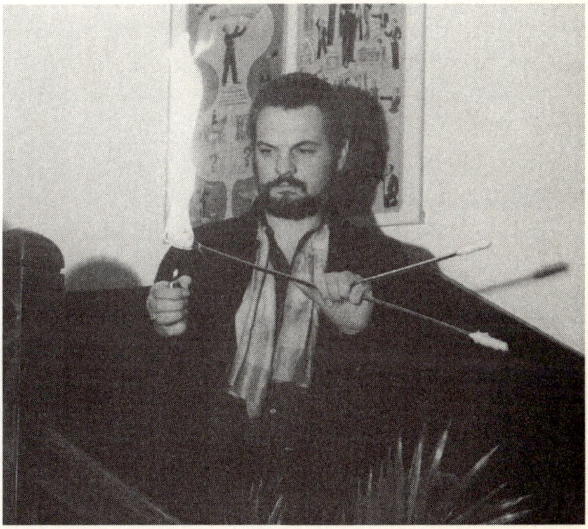

Das Feuerschlucken beginnt: So halten Sie die frisch getränkten Fackeln und zünden die erste an

zu sehen sein. Das Streichen über die Hand muß natürlich zügig geschehen.

Eine Flammenfolge

Die Vorbereitung

Benötigt werden drei Fackeln, eine Benzinflasche mit Gummikappe und natürlich ein Feuerzeug.

Das Tränken der Fackeln ist zwar ein notwendiges Übel, sollte jedoch nicht zu offensichtlich ausgeführt werden. Das «Rumpanschen» mit der Flüssigkeit vor den Augen der Zuschauer finde ich nicht «zauberhaft» und habe es stets verborgen durchgeführt. Die Gaukeltasche ist hierzu ein ideales Requisit. Man kann sie um die Schulter hängen, die Flasche hineinstellen und daneben die Fackeln legen. Die Flasche weist keinen Schraubverschluß auf, sondern eine Gummikappe, die sich schnell mit einer Hand abnehmen und wieder aufsetzen läßt.

So wird der Trick vorgeführt

Mit der rechten Hand öffnen Sie die Flasche und halten die Gummikappe fest. Mit der Linken führen Sie nacheinander die Fackeln in die Flasche und tränken sie ausgiebig. Danach schließen Sie die Flasche. Halten Sie links alle drei Fackeln so, wie auf dem Foto Seite 59 zu erkennen ist, und zünden Sie eine an.

Nachdem Sie das Feuerzeug weggesteckt haben, nehmen Sie die brennende Fackel in die rechte Hand und setzen die beiden anderen in der Linken so um wie auf dem Foto oben.

Führen Sie jetzt die brennende Fackel der rechten Hand in den Mund und entzünden Sie mit der Flamme aus dem Mund eine der links gehaltenen. Wiederholen Sie dieses Anzünden noch einmal, so daß auch die zweite in der linken Hand brennt. Mit allen drei brennenden Fackeln wenden Sie sich dem Publikum zu und nehmen Ihren ersten Applaus entgegen. Danach löschen Sie wieder eine nach der anderen mit dem Mund.

Wenn die letzte Fackel noch ausreichend mit Benzin getränkt ist, können Sie sie zum Schluß noch einige Male durch den Mund ziehen, ehe Sie sie löschen.

Dies ist zwar nur eine kurze Abfolge von Effekten, man kann sie

Die drei Fackeln in den Händen verteilt

jedoch sofort wiederholen. Im allgemeinen hat sie mir stets geholfen, die Aufmerksamkeit der Zuschauer zu erhalten.

Nachgedanken

Denken Sie daran: das Feuer ist gefährlich! Bei Vorstellungen unter freiem Himmel achten Sie immer auf die Windrichtung.

Nehmen Sie nie Benzin zum Speien. Benzin an offenem Licht verbrennt explosionsartig und kann zu lebensgefährlichen Verbrennungen führen.

Wenn Sie das Feuerschlucken «zauberhaft» eröffnen wollen, können Sie natürlich eine Fackel auch ohne Feuerzeug anzünden. Das Publikum sieht den Effekt dann so: Sie halten lediglich die Fackel in der Hand, machen mit ihr eine kurze Auf- und Abwärtsbewegung, und schon brennt sie.
Für fortgeschrittene Zauberkünstler bieten sich für diesen Effekt verschiedene Methoden an. Hier zwei Wege, die ich häufig benutzt habe.

Methode eins: Mit unpräparierter Fackel

Sie verwenden ein kleines Hilfsmittel, das man in der Zauberfachwelt mit «Funkenring» bezeichnet. Tränken Sie die Fackel sehr üppig mit Benzin und lassen Sie das Benzin von der Fackel abtropfen. In der anderen Hand haben Sie den Gimmick verborgen und gehen damit zur Fackel, richten die Funken auf sie und drücken ab. Insgesamt sieht es wie eine streichelnde Bewegung aus. Eine sehr magische Art und Weise, die Fackeln zu entzünden.

Methode zwei: Mit präparierter Fackel

Mit Leinenklebeband bringen Sie am Ende des Fackelstabes ein Feuerzeug an. Zusätzlich benötigen Sie Pyroschnur. Sie binden mit einem Knoten die Schnur zum Feuerzeug hin, so daß die Flamme des Feuerzeuges die Schnur sofort erfassen kann. Dadurch läuft eine Art glühende Naht zur Fackel hoch und entzündet diese. Auch diese Methode sieht sehr effektvoll aus.

Das Feuerspeien

Vorgeschichte

Das Feuerspeien habe ich recht spät, erst 1984, erlernt.

Theoretisch wußte ich, wie das Speien ausgeführt wird, nur hatte ich es selbst nie probiert. Bis auf eine Ausnahme: ganz zu Anfang, als ich das Feuerschlucken und -speien in dem erwähnten kleinen Zirkus sah. In meiner damaligen Studentenwohnung versuchte ich zunächst das Schlucken. Nach einer Weile klappte das auch recht gut. Ich lud daraufhin meinen Freund Roy Gardner ein und zeigte es ihm stolz. Danach sagte ich: «… und jetzt versuche ich mal das Speien.» (Die Wohnung, gerade 20 qm groß, hatte offen verlegte elektrische Leitungen). Aus einem kleinen Glas mit Benzin nahm ich einen Schluck in den Mund. Ich wußte, daß man die Flüssigkeit sprühen bzw. zerstäuben und nicht ausspritzen soll. Auch wußte ich, daß Feuerschlucker immer ein Tuch in der Hand hielten, mit dem sie sich nach dem unmittelbaren Sprühen den Mund abwischten.

Ich sprühte also gegen die Fackel, und im Nu stand das komplette

Zimmer unter Feuer, d. h. die Flammen liefen an den Wänden und an der Decke entlang. Zum Mundabwischen kam ich nicht, und so liefen die Flammen an dem Benzin«staub» zu meinem Gesicht, entzündeten den Bart und brannten sich kurz ein, was noch Wochen später zu erkennen war.

Dieses «Flammenspiel» dauerte zwar nur wenige Sekunden, reichte aber, um im Haus einen merkwürdigen Geruch zu erzeugen. Kurz darauf klopfte es an meiner Tür, und meine Vermieterin stand im Zimmer. «Herr Witt, was ist passiert, es riecht so komisch angebrannt?» Darauf konnte ich nur sagen: «Was soll's, ich übe halt mal wieder etwas. Ich komme ja auch nicht zu Ihnen runter, wenn Sie Ihren Braten haben anbrennen lassen.»

Wie die Zuschauer den «Trick» sehen

Der Vorführende bläst gegen eine brennende Fackel, und es entsteht eine riesengroße Feuerwolke.

In geschlossenen Räumen sollten Sie das Feuerspeien nur dann zeigen, wenn Sie es wirklich beherrschen

Die Chemikalien

Sie benötigen Petroleum.

Nehmen Sie nie, **niemals** Benzin dazu.

Die Technik

Sie müssen das Petroleum mit großer Kraft derart aus dem Mund schleudern, daß es «staubt». Dieser «Staub» entzündet sich. Am besten kann man das Zerstäuben mit Wasser probieren. Es darf kein Strahl aus dem Mund kommen, denn der würde die Fackel sofort löschen.

Die Vorbereitung

Fast alle Feuerspeier, die ich sah, «tranken» das Petroleum aus der Flasche, in der sie die Flüssigkeit kauften. Das sieht nicht gerade «zauberhaft» aus. Versuchen Sie ein optisch ansprechendes Gefäß zu finden, in dem Sie das Petroleum aufbewahren. Daraus können Sie bei der Vorstellung den Schluck nehmen. Oder Sie gießen es aus diesem Gefäß in eine Metallschale, aus der Sie dann «trinken».

Ferner sollten Sie ein Tuch griffbereit halten, mit dem Sie sich sofort nach dem Auspusten des Petroleums den Mund abwischen können.

So wird der «Trick» vorgeführt

Unternehmen Sie Ihre ersten Versuche in jedem Fall bei absoluter Windstille und auf einem großen, weiten Platz.

Anfangs nehmen Sie einen kleinen Schluck, etwa soviel, wie in einen Eierbecher paßt, und halten das Petroleum im vorderen Mundbereich. Halten Sie die brennende Fackel mit ausgestrecktem Arm in der einen, das Tuch in der anderen Hand. Neigen Sie den Kopf etwas nach vorn und schleudern das Petroleum auf die brennende Fackel. Schleudern Sie mit aller Kraft alles aus Ihrem Mund und gehen sofort mit dem Tuch darüber. Sie verhindern so, daß eventuell die Flamme zurück zum Mund läuft und Sie verbrennt. Sobald Sie alles ausgesprüht haben, gehen Sie gleichzeitig mit dem Kopf nach hinten, um damit den Weg der Flamme zu Ihrem Mund zu beenden.

Mit etwas Übung können Sie auch die Flüssigkeit rationiert gegen die Fackel sprühen, um dann so mehrere Feuerwolken hintereinander zu produzieren.

Nachgedanken

Soweit ich weiß, wurde in Deutschland für die breite Öffentlichkeit noch nirgends das Feuerspucken oder -schlucken beschrieben. Es sind, wie eingangs erwähnt, ausschließlich meine eigenen Erfahrungen, die ich hier wiedergebe. Tricks gibt es nicht dafür, sondern lediglich eine Technik, die Sie perfekt beherrschen müssen.

Kontrollieren Sie besonders Ihre Atemtechnik. Atmen Sie nie ein, wenn Sie Flüssigkeit oder die brennende Fackel im Mund halten.

Wenn Sie dieses Kunststück auf der Straße vorführen, benötigen Sie große Sicherheit und müssen sehr auf die Umgebung achten. Lassen Sie die Zuschauer lieber weiter zurücktreten, als zu nahe bei Ihnen zu stehen. Achten Sie auf den Wind. An Straßen- bzw. Häuserekken kann sich sehr schnell der Wind verfangen und die Feuerwolke abtreiben.

Achten Sie auch besonders auf das Publikum und vorbeigehende Personen, von denen Sie vielleicht gestört oder «angerempelt» werden können.

Auch wenn sich das hier Niedergeschriebene recht plausibel liest: Das Hantieren mit Feuer ist sehr gefährlich. Denken Sie bitte daran, daß es Ihre eigene freie Entscheidung ist, wenn Sie mit dem Feuer spielen.

Sorgen Sie beim Üben für Löschmaterial wie Eimer mit Wasser, Decken, Feuerlöscher etc.

Üben Sie nie allein, sondern bitten Sie stets eine Person, ihnen zu assistieren.

Stanislas und der Cirque du Trottoir

Der französische Feuerspeier Gile schaffte besonders hohe Flammenwolken

Bob und Bliss vom Laughing Moon Theatre

5. Abteilung: Zeitgenössische Taschenspieler und ihre Tricks

Im Laufe der Jahre traf ich einige Taschenspielerkollegen, die an die alte Tradition anknüpften und ihr Publikum köstlich zu unterhalten wußten. Ihre Zauberkunststücke waren sich zwar manchmal sehr ähnlich, aber – wie in der Musik – es kommt auch hier auf die Interpretation an. Es zählt nicht nur das Was, sondern auch das Wie.

Der Kontakt zum Publikum ist bei den Auftritten im Freien immens wichtig. Hier hängt der Erfolg zum größten Teil von der jeweiligen Persönlichkeit des Künstlers ab.

Auch wenn ich bei einigen Kunststückbeschreibungen meinen Originaltext mit angebe, so wird er zwar kaum wörtlich übernommen werden können, er mag jedoch als Anregung dienen.

Geheimnisse der Straßenzauberer

Unter dieser (übersetzten) Überschrift erschien 1939 in London ein 16 Seiten umfassendes Heft. Autor war Wilfred Huggins, der eine Anzahl von Effekten der damaligen Straßenzauberer zusammengetragen hatte.[16]

SECRETS
OF THE
STREET
CONJURER
BY
WILFRED HUGGINS
A world-wide collection of conjuring secrets that will aid every magician who, on occasion, has to present his entertainment under difficult conditions.
GEORGE JOHNSON
The "Magic Wand" Office, 24 Buckingham Street, Strand, London, W.C.2

In dem kurzen Vorwort zu den Beschreibungen heißt es:

«Die Zusammenstellung von Geheimnissen der Strassenzauberer ist das Ergebnis jahrelanger Beobachtungen in diesem Lande, wie auch in Australien, Amerika, Frankreich und Deutschland. Dass die Effekte bestens bekannt sind, wird nicht abgestritten, aber es ist zweifelhaft, ob die vielen Zauberkünstler die genauen Methoden kennen, die die Strassenkünstler anwenden.

Von daher hoffe ich, dass jeder, der diese Seiten liest, die Genialität der angewendeten Methoden zu würdigen weiss, besonders wenn man bedenkt, unter welchen Bedingungen die einzelnen Effekte vorgeführt werden. Dann wird auch der Betrachter beim

Zuschauen einer solchen Vorstellung den Künstler grosszügig zu würdigen wissen; nicht um der ‹süssen Nächstenliebe› Willen, sondern weil er Achtung vor der Kunst hat, die der Strassenvorführer so meisterhaft vertritt.»

«Vorbereitung für die Hände

Kalte oder feuchte Hände sind für die meisten Zauberkünstler ein Schreckbild. Hier gibt es eine einfache Methode, die Hände dagegen zu schützen.

Wischen Sie die Hände mit einem Tuch ganz trocken und zerreiben etwas Bienenwachs auf den Handflächen. Führen Sie dann Handwaschbewegungen aus, und als Ergebnis wird sich ein feiner Wachsfilm an den Fingern und Handflächen ergeben. Für Manipulationen ergibt sich so eine gute Voraussetzung für Ball und Münzengriffe.»

Anmerkung:

Ich habe die Wirkung des Wachses getestet und kann sie voll bestätigen. Ob es jedoch für den Vorführenden angenehm ist, die ganze Vorstellung mit «klebrigen» Händen durchzustehen, ist eine andere Frage, das muß jeder für sich ausprobieren. Vielleicht ist die Wirkung bei stark schwitzenden Händen auch auf Dauer etwas anders als bei «normalen».

«Ein Tip zum Tisch

Wenn man inmitten einer Menge zaubert, ist der Tisch oft unliebsamen Störungen ausgesetzt und kann schnell umgestoßen werden. Hier zeigte sich als Vorteil, daß einige Straßenzauberer die Platten auf den Ständern nicht festgeschraubt hatten. Wenn jemand den Tisch anstieß, fiel dieser also nicht um, sondern die Tischplatte drehte sich lediglich auf dem Ständer.»

Anmerkung:

Viele Zauberkünstler benutzen einen Tisch, der sich klein zusammenlegen läßt und kein großes Gewicht hat. Er sieht einem Notenständer mit aufmontierter Platte ähnlich. Das Erscheinungsbild ist jedoch recht neuzeitlich und paßt wohl kaum zu einem altmodischen Kostüm.

«Das Wasserglas auf dem Kopf

Ein Glas Wasser auf den Kopf eines Jungen zu zaubern, ist ein höchst effektvoller Trick für Freiluftkünstler. Es läßt sich auch gut als Einleitung zum magischen Trichter verwenden.

Das Glas mit Wasser wird mit einer Gummikappe bedeckt und in der Brusttasche des Jacketts aufbewahrt. Zwei Taschentücher werden zusammengenäht, die im Innern einen Metallring verbergen, der mit ein paar Nähstichen in der Mitte der Tücher befestigt wird. Der Ring hat den Durchmesser der Öffnung vom Wasserglas. Dieses Tuch wird von beiden Seiten dem Publikum gezeigt und dann dem Jungen über den Kopf gelegt. Dabei hängt das Taschentuch zum größten Teil bis in den Nacken des Jungen. Nach dem gewöhnlichen Zauberpalaver ergreift der Zauberkünstler den Ring durch das Tuch hindurch und hebt ihn hoch. Dabei ist er sichtlich überrascht, wenn sich die Konturen des Glases abzeichnen. Er hebt den Ring noch etwas höher, beugt sich zum Jungen und fragt ihn, ob es ihm gut gehe. Während dieser Aktion holt der Zauberkünstler geschickt das Glas aus der Tasche hervor und gibt es unbemerkt unter das Tuch.

Für diese Bewegung gibt es eine perfekte Abdeckung: Auf der einen Seite den gebeugten Arm des Künstlers und auf der anderen Seite den Körper.

Wenn das Glas unter dem Tuch ist, bringen Sie es exakt unter den Ring. Von außen halten Sie nun alles und lassen das Glas für ein paar Sekunden auf dem Kopf stehen. Dann nehmen Sie durch das Tuch hindurch die Gummikappe vom Glas und gleichzeitig das Tuch vom Glas, um es zu präsentieren.»

Anmerkung: *Diese Beschreibung will ich noch etwas verdeutlichen. Der Junge sollte während des Tricks sitzen. Abgesehen davon muß der Trick nicht mit einem Kind vorgeführt werden, ein Erwachsener ist ebenso geeignet.*

Das Glas Wasser mit der Kappe befindet sich in der linken Innentasche.

Der Vorführer steht links von der sitzenden Person und hebt mit der linken Hand das Tuch mit dem Ring hoch. Dadurch öffnet sich automatisch die Jacke, die nun wie eine schützende Wand zwischen ihm und der Person hängt. Hinter dieser Deckung kann die Rechte das Glas aus der Tasche nehmen und unter das Tuch bringen.

Auf der Straße habe ich dieses Kunststück noch nie vorgeführt, wohl aber im kleinen Kreis, und ich weiß von daher, daß es ein starker, sehr unterhaltsamer und verblüffender Effekt ist.

«Ein Kartentrick

Ein Kartenspiel wird mit der Bildseite nach oben zwischen Zeigefinger und Daumen eines Zuschauers gelegt. Der Straßenkünstler schlägt kurz und kräftig auf das Spiel, worauf bis auf eine Karte alle auf den Boden fallen. Die in der Hand gehaltene ist die, die sich der Zuschauer zu Beginn des Kunststückes gemerkt hatte.

Der Zauberkünstler hatte eine eigene Art, dieses Kunststück vorzuführen, das jedesmal exakt funktionierte.

Dabei ist es wichtig, wie der Zuschauer das Kartenspiel hält. Ihm wurde folgende Anweisung gegeben: Strecken Sie den rechten Zeigefinger aus, alle anderen Finger sind zusammengerollt. Der Handrükken zeigt nach unten. Nun legte der Künstler das Spiel diagonal auf die Fingerkuppe und bat den Zuschauer, seinen Daumen oben auf das Spiel zu legen. Beide Finger sollen fest auf das Spiel gedrückt werden.

Wenn auf das Spiel geschlagen wird, fallen alle Karten auf den Boden, nur die zuunterst liegende wird von Daumen und Zeigefinger festgehalten.»

Anmerkung: *Da beide Finger auf das Spiel gepreßt werden, zeigen sie die Wirkung einer Klammer, aus der man mit Gewalt etwas herauszieht und die sich sofort wieder zusammendrückt.*

Automatisch bleibt die unmittelbar auf dem Zeigefinger liegende Karte als einzige in der Hand zurück.

Bleibt jetzt noch das kleine Problem, wie Sie die Karte finden, die sich ein Zuschauer gemerkt hat. Das Svengalispiel (Seite 113) können Sie nicht einsetzen, da man die gleichen Karten erkennen könnte, wenn sie auf den Boden fallen.

Nehmen Sie ein Kartenspiel und merken Sie sich die unterste Karte, z. B. Herz Sieben. Fächern Sie das Spiel Ihrem Mitspieler auf und lassen Sie ihn eine Karte aus dem Fächer ziehen. Er soll die Karte auch allen anderen zeigen. Inzwischen legen Sie Ihre Karten wieder zu einem Päckchen zusammen und bitten dann den Zuschauer, seine Karte oben aufs Spiel zu legen und das Spiel abzuheben. Durch dieses Abheben kommt Ihre gemerkte Herz Sieben auf die vom Zuschauer gewählte Karte. Sie können das Spiel auch mehrere Male abheben lassen, die bei-

den Karten bleiben immer zusammen. Nur mischen dürfen Sie die Karten nicht.

Fragen Sie die Zuschauer, ob jeder die gewählte Karte kennt.

«Jetzt werde ich versuchen, Ihre Karte herauszufinden», sagen Sie und blättern durch das Spiel. Schnell suchen Sie Ihre Herz Sieben. Die Karte, die unmittelbar davor liegt, ist die vom Zuschauer gemerkte. Teilen Sie hier das Spiel und heben es ab, so daß die gewählte Karte auf den Rücken des Spieles gelangt.

«Das verstehe ich nicht», können Sie sagen, «ich finde Ihre Karte nicht. Vielleicht helfen Sie mir etwas».

Nun legen Sie das Spiel mit der Bildseite nach oben und führen den Trick in der beschriebenen Art aus.

Das Ringspiel

Wie die Zuschauer den Trick sehen

Sechs (oder acht oder auch neun) Ringe werden einzeln vorgezählt und vom Publikum untersucht. Obwohl niemand etwas Außergewöhnliches an ihnen entdecken kann, lassen sie sich vom Taschenspieler leicht miteinander verketten und zu Figuren formen. Zum Schluß werden alle Ringe wieder einzeln vorgezählt.

Historisches

Die früheste Erwähnung des Ringspiels soll sich in dem lateinischen Werk «De Subtilitate» von Hieronymus Gardenus von 1554 befinden.[17] Das Ringspiel taucht merkwürdigerweise in keinem der bekannten Zauberbücher des 18. und 19. Jahrhunderts auf.

Es wird später erst wieder bei Robert-Houdin in dessen Memoiren erwähnt.

Das Geheimnis

Zu diesem Kunststück werden spezielle Ringe benötigt, die man sich nicht selber herstellen kann. Der Aufwand ist derart groß, daß er sich nur für Firmen lohnt, die mehrere Exemplare produzieren und verkaufen können. (Eine Liste mit Zaubergerätehändlern befindet sich im Anhang dieses Buches.)

Das Ringspiel ist das einzige Kunststück in diesem Buch, das sich nur mit speziell angefertigten Requisiten ausführen läßt. Den genauen Mechanismus hier zu beschreiben wäre für den Leser völlig unergiebig und ohne die Ringe unverständlich. Dennoch will ich auf das Kunststück in diesem Buch nicht verzichten und hier zumindest die Vorführung beschreiben. Jeder ernsthafte Interessent hat die Möglichkeit, bei einer der im Anhang aufgeführten Anschriften das Kunststück zu erwerben.

Vorspiel

Die Effektfolge basiert zum großen Teil auf den Beschreibungen von Dai Vernon. Auch ich benutze 6 Ringe. Der Vortrag ist im Laufe der vielen Jahre gewachsen, d. h. er ist im Spiel mit den Zuschauern entstanden. Eine besondere Ehre wurde mir 1979 zuteil, als ich auf dem Weltkongreß der Zauberkünstler in Brüssel engagiert war und sich im Publikum Dai Vernon befand. Ihm gefiel die Art meiner Ringvorführung, und er schrieb später darüber in seiner Kolumne in der großen amerikanischen Fachzeitschrift GENII.

So wird der Trick vorgeführt

Ein Kunststück, das Hunderte von Jahren alt und immer noch beliebt ist. Benötigt werden dazu, wie schon damals, solide, einzelne, massive Stahlringe. Eins, zwei, drei, vier, fünf und sechs.

Zählen Sie die sechs Ringe als einzelne vor.

Sie können sich gern mal einen anschauen, mein Herr, und kräftig

«Sechs solide, gleich große Stahlringe»

untersuchen, ob irgendwo ein Schlitz, Druckknopf, Reißverschluß oder eine andere Öffnung verborgen ist.

Einen einzelnen Ring einem Zuschauer zum Untersuchen geben.

Auch Sie schauen so mißtrauisch aus, prüfen Sie doch auch so einen Ring.

Den zweiten Ring einer Person geben.

Fest und geschlossen, nur eine große Öffnung ist in der Mitte, aber die haben Sie wahrscheinlich auch schon entdeckt, oder?

Der erste Ring wurde inzwischen wieder zurückgenommen.

Auch Ihren Ring kann man nicht aufmachen, nein?

Der zweite Ring kommt zurück.

Eins, zwei, nehmen wir noch einen dritten dazu, werfen alle in die Luft, und Sie sehen schon, was geschieht. Einmal, zweimal und – dreimal.

Die zwei Ringe mit einem dritten nehmen und als Dreierkette in die Luft werfen.

Machen Sie sie mir bitte auseinander, ich brauch sie hinterher wieder. Aber bitte nicht mit Gewalt, mit Gewalt geht auch ein Auto kaputt.

Die Dreierkette entsteht

«Machen Sie sie mir bitte auseinander. Ich brauche sie hinterher wieder»

«Halten Sie die Ringe so, wie ich sie halte»

Die verketteten einem Zuschauer reichen.

Inzwischen zeige ich es Ihnen noch einmal ganz langsam.

Wo die Ringe sich berühren, da ist keine Öffnung, nur festes, solides Material.

Und trotzdem kann man sie prima miteinander verketten.

Die zwei einzelnen Ringe senkrecht aufeinander halten, mit dem oberen auf den unteren klopfen und ihn schließlich in den unteren eindringen lassen.

Auseinander ist auch sehr einfach. Nur ein wenig Klingelingeling, und schon sind sie wieder getrennt.

Wie weit sind wir denn, mein Herr?

Die soeben verketteten Ringe nebeneinanderhalten und hin und her schwingen, dabei werden sie entkettet.

Sollen wir's mal zusammen machen? Ich meine, zusammen auseinander?

Während Sie dies den Zuschauer fragen, der noch die drei Ringe hat, lassen Sie Ihre drei Ringe sich miteinander verketten.

Halten Sie die Ringe, so wie ich sie halte. Mehr in der Mitte. – Die Mitte ist weiter links.

Das ging etwas langsam. Waren Sie bei der Post beschäftigt?

Frech, nicht wahr, aber der Herr trägt's mit Fassung.

Die drei Ringe an ihren Berührungsstellen nebeneinander halten.

Klappen Sie einen Ring vor den mittleren und den anderen vor die beiden. Brechen Sie sich aber nicht die Finger und halten alle Ringe wie ein Steuerrad.

Führen Sie diese Anweisungen genauso aus.

Nun pusten Sie auf das obere linke Viertel – nicht spucken –, und schon können Sie die Ringe trennen.

Trennen Sie Ihre Ringe.

Nicht – nun, Sie haben nicht richtig gepustet.

Nehmen Sie die Ringe wieder an sich.

Natürlich ist ein Trick dabei, meine Damen und Herren, aber ich muß sagen, der Herr hat sich wirklich Mühe gegeben. Vielen Dank, mein Herr, daß Sie so nett mitgespielt haben. Das ist Ihr Applaus, der jetzt aufbrandet.

Und nun zeige ich Ihnen mal, wie man einen einzelnen Ring einer Kette von oben langsam nach unten ziehen kann. War das zu schnell? Nein, nicht wahr?!

«Der Ring geht von oben durch die ganze Mitte bis unten»

«Ein Kleeblatt, das Ihnen Glück bringen soll»

«Oder dieses hübsche Zeichen für die Audi-NSU-Fahrer»

Hängen Sie den einzelnen Ring in den obersten der Kette, die Sie inzwischen wieder an sich genommen haben, und lassen Sie den einzelnen durch die Kette gleiten.

Er geht auch von oben durch die ganze Mitte bis unten und kommt da wieder raus.

Führen Sie das Durchziehen des einzelnen Ringes in umgekehrter Reihenfolge aus und lassen den Ring unten herausfallen.

Oder durchschlenkern, das hat er besonders gern.

Nehmen Sie den einzelnen und führen Sie ihn an der Kette entlang, um ihn dann in den obersten einzuhängen.

Man kann auch Figuren damit formen, z. B. ein Kleeblatt, vierblättrig natürlich.

Drehen Sie die Kette einmal in sich und verketten den ersten mit dem letzten Ring, es entsteht das Kleeblatt.

Oder dieses hübsche Zeichen für die Audi-NSU-Fahrer.

Ziehen Sie zwei Ringe des Kleeblattes durch die anderen beiden, und das Zeichen ergibt sich.

Und was auch ganz lustig aussieht und was Sie sicherlich kennen, die Olympischen Ringe, etwas farblos zwar, aber man kann sie noch ganz gut erkennen.

Öffnen Sie das Kleeblatt bzw. das Audi-Zeichen und hängen in den obersten Ring den fünften Ring ein.

Verdrehen Sie dann alle Ringe miteinander, und die Ringformation entsteht.

Und schließlich noch, wie bei einem Schlüsselbund, alle Ringe auf einem.

Nehmen Sie den sechsten Ring dazu und hängen alle Ringe in den einzelnen ein.

Tja, und so schließt sich der Zauberkreis, denn puste ich auf den ersten, fällt er in meine Hand; auch auf den zweiten etwas blasen, und er wird frei.

Befreien Sie die ersten beiden Ringe, die Sie dann allerdings wieder einhängen und dafür die drei Ringe herausnehmen.

Mit dem dritten – Sie kennen es schon – wird ebenso verfahren, so daß sich schließlich noch der vierte mit dem fünften beim sechsten befindet, und wenn ich die miteinander voneinander befreit habe, kann ich mich bei Ihnen, meine Damen und Herren, für Ihre Aufmerksamkeit herzlich bedanken.

Zum Schluß nehmen Sie die beiden restlichen Ringe aus dem einzelnen.

«Die Olympischen Ringe»

Ehe die Ringe den «Schlüsselbund» ergeben, kann man sie auch zu einer langen Kette formieren

Nachgedanken

Vorträge, die mit dem Vorführenden gewachsen sind, kann man nicht wörtlich übernehmen. Dafür ist das Niedergeschriebene auch nicht gedacht. Ich möchte lediglich damit aufzeigen, daß ein Vortrag nicht unbedingt wie ein Märchen zu klingen braucht, in dem man vielleicht den Ringen Namen gibt oder ähnliches, wie dies häufig bei Amateuren zu erleben ist. Der Text orientiert sich am unmittelbaren Geschehen und hat eher einen Dokumentationszweck, der humorvoll gestaltet sein kann.

Ein Text sollte nie das Kunststück «erschlagen», der Effekt nie mit den Worten zugedeckt werden. So reizvoll auch manche Texte in Gedicht- oder Märchenform sein können, sie lenken letzten Endes nur vom eigentlich Zaubereffekt ab, und der besitzt nun einmal Priorität.

Das Seilzerschneiden

Wie die Zuschauer den Trick sehen

Ein Seil oder Bindfaden wird von einem Zuschauer zerschnitten und verknotet. Doch plötzlich läßt sich der Knoten abziehen, das Seil ist wieder unversehrt.

Historisches

Das Seilkunststück läßt sich ebenfalls in dem Buch «Discoverie of Witchcraft» nachlesen, «To cut a Lace asunder in the middest and to make it whole again». Es existiert in vielen Varianten und ist bei geschickter Vorführung für jedes Publikum verblüffend.

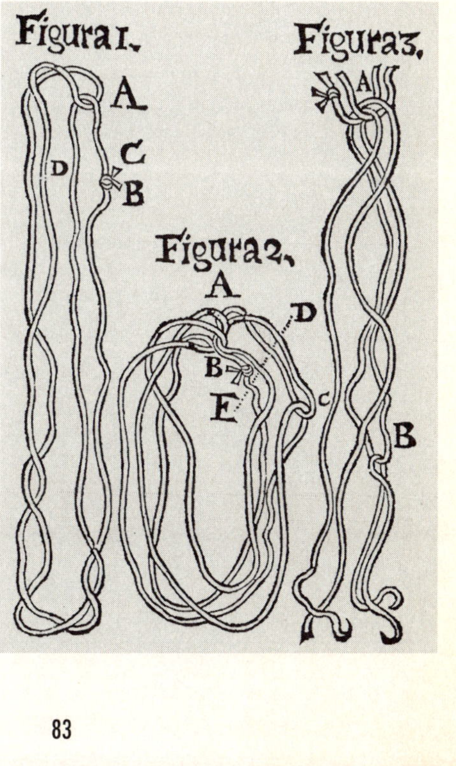

So wurde das Seilzerschneiden bereits in dem Buch «Hocus Pocus» um 1766 dargestellt

Das Geheimnis

Das Seil wird zum Zerschneiden auf eine bestimmte Art zusammengelegt, so daß in Wirklichkeit nur ein kurzes Stück abgeschnitten wird.

Die Utensilien

Benötigt wird ein Seil oder ein kräftiger Bindfaden von etwa 1 m Länge. Ferner brauchen Sie eine Schere.

So wird der Trick vorgeführt

Verknoten Sie den Bindfaden zu einer Schlinge. Spannen Sie sie zwischen den beiden Händen. Der Knoten sollte dabei in der Nähe der linken Hand sein.

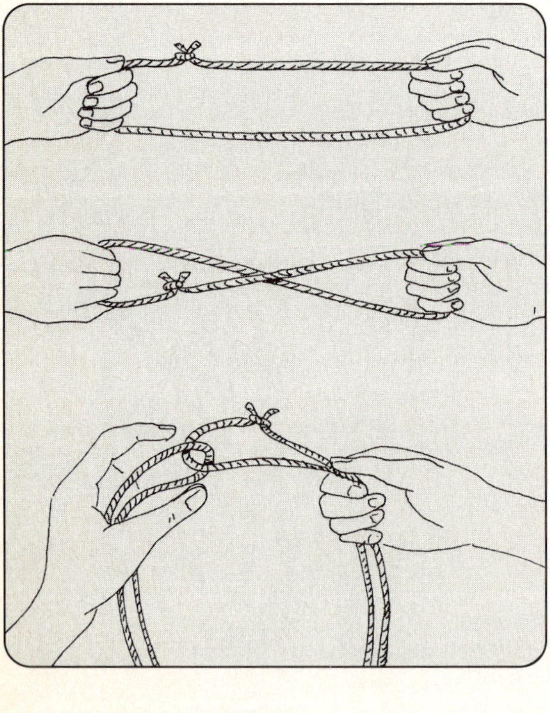

Die zusammengeknotete Schnur wird zu einer «Acht» gelegt und bildet eine Schlinge

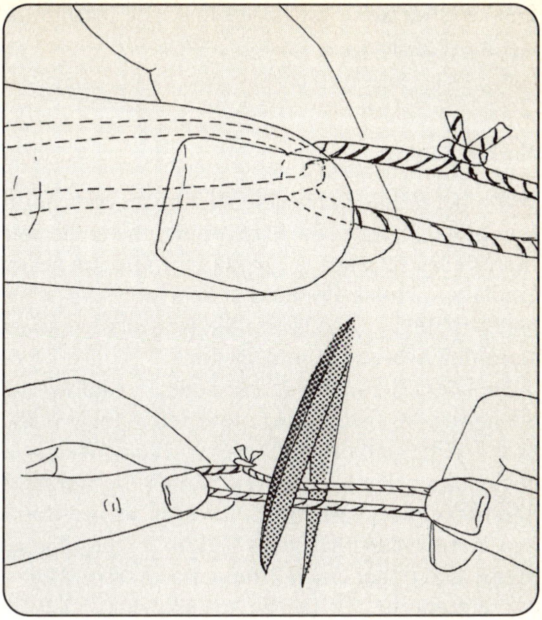

Die doppelte Schlinge wird mit der Schere zerschnitten

Nun wird die linke Hand umgedreht, so daß sich aus der Schlinge eine Acht bildet. Wenn Sie jetzt beide Hände aufeinanderlegen, bildet sich eine doppelte Schlinge (siehe Zeichnungen oben und S. 84).

Ihre Zuschauer wissen aber nicht, daß sich in dieser Doppelschlinge eine Stelle befindet, an der die Schnur besonders verschlungen ist. Die Abbildungen zeigen es. Diese Stelle müssen Sie ganz schnell mit der linken Hand verdecken. Mit der rechten Hand ergreifen Sie die Schnur etwas weiter rechts und halten sie gespannt.

Ein Zuschauer soll nun mit der Schere die Schnur zwischen Ihren Händen zerschneiden. Danach haben Sie anscheinend zwei getrennte Schnurenden in den Händen. Lassen Sie die rechte Hand los, und die Täuschung ist perfekt. In Wirklichkeit halten Sie jedoch ein langes Stück, in das ein kurzes «eingehakt» ist. Die Verbindungsstelle ist durch ihre linke Hand verdeckt.

Nun verknoten Sie die herausragenden Enden der kurzen Schnur und lassen die langen Enden der herunterhängenden Schnur von zwei Zuschauern halten. Jetzt können sie den Knoten hin und her schieben und zu einer Seite ganz abziehen. Die zerschnittene Stelle haben Sie wieder repariert.

Nachgedanken

Wenn bei einem Zauberkünstler etwas zerschnitten werden soll, ist es sehr peinlich, wenn die Schere stumpf ist oder wenn die Schere für das Material zu schwach ist. Sorgen Sie also am besten vor und testen erst einmal mit einem Freund die Schere. Es hat wenig Sinn, wenn Sie die Schere selber testen, denn Sie wissen wahrscheinlich auch mit einer stumpfen Schere gut umzugehen.

Sie können das Wiederherstellen auch folgendermaßen vorführen. Sie halten das frisch verknotete Seil in Ihrer rechten Hand, um die Sie es mit Hilfe der Linken herumwickeln. Wenn Sie beim Wickeln den abziehbaren Knoten spüren, halten Sie ihn in der linken Hand fest und wickeln das restliche Seil weiter um die Hand. Sie ziehen dadurch den Knoten heimlich vom Seil ab. Gehen Sie dann in Ihre Gaukeltasche und holen einen Zauberstab hervor. Dabei lassen Sie natürlich den Knoten in der Tasche zurück. Zum Schluß wickeln Sie das Seil von der Hand, und es ist wieder unversehrt.

Jackettbefreiung

Wie die Zuschauer den Trick sehen

Um einen Zauberstab werden zwei lange Bindfäden geknotet, deren Enden von je einem Zuschauer gehalten werden. Links und rechts vom Zauberstab schiebt der Zauberkünstler einige Gegenstände auf die Bindfäden, z. B. Armreifen und Schlüsselbünde. Zum Schluß wird über alles ein Jackett gelegt, durch dessen Ärmel die Fäden gezogen werden. Mit jeweils einem Ende aus den Ärmeln wird zusätzlich ein Knoten über der Jacke geschlagen. Jetzt greift der Zauberkünstler darunter und holt erst den Zauberstab, dann nacheinander die einzelnen Gegenstände hervor. Schließlich hängt nur noch das Jackett auf den Fäden.

Er bittet die beiden Zuschauer, die Fäden strammzuziehen, wenn er bis drei gezählt hat. Eins, zwei – drei, die Zuschauer ziehen die Bindfäden fest an, die sie plötzlich ohne Knoten und ohne Jacke zwischen ihren Händen halten. Die Fäden haben die Jacke durchdrungen.

Historisches

Wie bereits oben erwähnt, liegt der Ursprung zu diesem effektvollen Kunststück bei «Großmutters Halsband» (Seite 29).

Das Geheimnis

Die beiden Bindfäden oder Schnüre werden nicht *mit*einander verknotet, sondern derart um den Zauberstab geknotet, daß beide Schnüre sofort voneinander getrennt sind, wenn der Stab herausgezogen wird. Im einzelnen sieht der Knoten der Schnüre so aus wie auf der Abbildung.

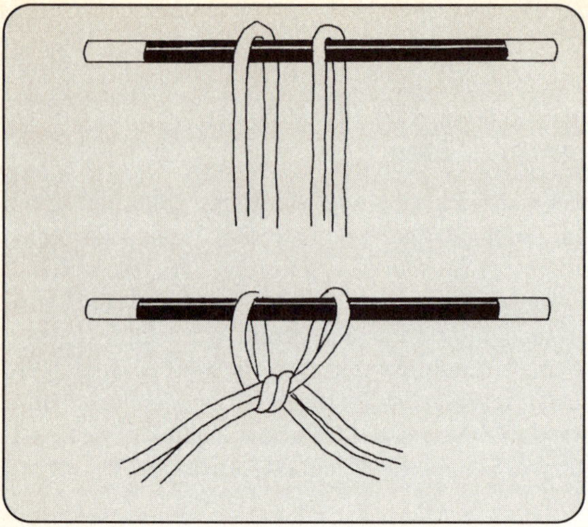

So wird der Knoten mit den Schnüren um den Stab geschlagen.

Die Utensilien

Benötigt werden zwei ca. 2,50 m lange, feste Schnüre, Bindfäden oder Seile, der Zauberstab, den man allerdings durch andere stabähnliche Hölzer ersetzen kann (z. B. Kochlöffel). Es ist ratsam, einen Stab mit rauher Oberfläche zu nehmen, da die Schnüre von einem glatt polierten leicht abrutschen können.

Ferner kommen ein paar Gegenstände dazu, die sich auffädeln lassen: Ringe, Armreifen oder Schlüsselbunde etc. Außerdem benötigt man ein Jackett, das von einem Zuschauer ausgeliehen wird.

Die Vorbereitung

Sie benötigen lediglich die oben erwähnten Dinge und können sofort zur Vorführung schreiten.

So wird der Trick vorgeführt

Halten Sie die beiden Schnüre und den Stab so, wie es auf der Abbildung zu sehen ist.

Nun verknoten Sie beide Schnüre miteinander genauso, wie es auf der Abbildung zu erkennen ist. Diesen «Knoten» ziehen Sie so straff wie möglich.

Jeweils ein Schnurendenpaar geben Sie einem Zuschauer links und rechts von Ihnen zum Halten.

Fordern Sie ihre Zuschauer auf, Ihnen geschlossene, ringförmige Gegenstände zu geben, die sich auf die Schnüre auffädeln lassen. Diese Gegenstände geben Sie links und rechts vom Stab auf die Schnüre. (Die haltenden Zuschauer müssen natürlich für Augenblicke die Enden loslassen.)

Bitten Sie einen Zuschauer um ein Jackett. (Ich habe stets einen der beiden haltenden Zuschauer darum gebeten und ihn auch unter diesem Aspekt zu Anfang als Helfer für das Kunststück ausgesucht.)

Dieser Herr soll nun folgendes tun:

Er zieht zunächst sein Jackett aus. Sie halten es ihm dann so hin, als wenn sie ihm beim Anziehen helfen würden. Der Zuschauer ergreift nun mit seiner rechten Hand die Schnurenden und führt sie von innen durch den rechten Ärmel. Außen angelangt, ergreift seine linke Hand die Enden, damit er seine Rechte zurückziehen kann.

Schieben Sie die Jacke über den Stab und die Gegenstände und bitten den zweiten Zuschauer zu sich, der in gleicher Weise seine Schnurenden durch den linken Ärmel führen soll.

Danach sollen beide die Schnüre so stramm halten, daß das Jackett nicht den Boden berührt. (Dies ist tricktechnisch nicht nötig, sondern nur dem Jackettbesitzer gegenüber höflich).

Lassen Sie sich von jedem Zuschauer jeweils ein Ende geben und verknoten diese über dem Jackett. Danach geben Sie jeweils ein Ende den Zuschauern zurück und zwar jedem das Ende, das zuvor der andere hielt. Dies ergibt sich automatisch beim Knoten. Siehe Abbildung.

Nun treten Sie hinter das Jackett, greifen mit beiden Händen darunter und ziehen sofort den Stab heraus. Dabei muß eine Hand die Seile festhalten, während die andere den Stab ergreift. Zeigen Sie den Stab und legen ihn zur Seite. Nun können Sie nacheinander die einzelnen Gegenstände von den Seilen abnehmen.

Zum Schluß halten Sie nur noch die «leeren» Seile in der einen Hand. Ergreifen Sie mit der anderen von außen das Jackett am Kragen und bitten Sie Ihre Helfer die Seile ganz stramm zu ziehen, wenn Sie die Zahl drei nennen.

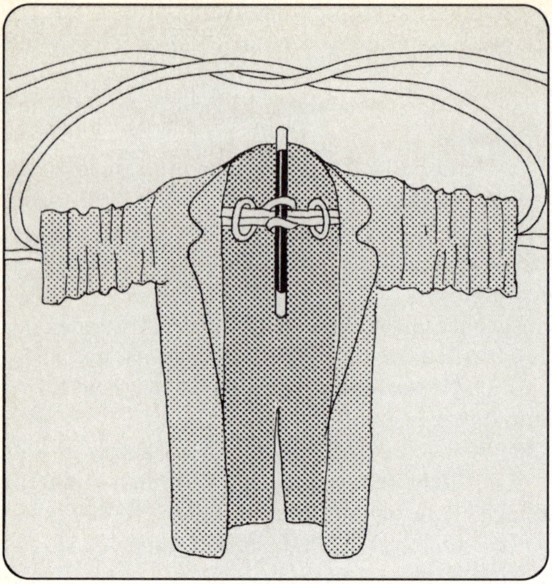

Nach dem Knoten erhält jeder Helfer das Ende des anderen zurück

Zählen Sie: eins, zwei – drei, lassen Sie die Seile los und heben die Hand mit dem Jackett etwas hoch. Dies erleichtert das Herausgleiten der Seile. Die beiden Helfer halten lediglich die beiden Seile, die unverknotet sind, zwischen den Händen.

Gerade dieser letzte Teil, das «Durchdringen» der Seile durch die Jacke, bewirkt einen sehr starken Effekt.

Nachgedanken

Dieses Kunststück ist für die Straße ideal und wird meiner Erfahrung nach nur selten gezeigt. Es eignet sich gut als Schlußtrick im Programm. Die ausgeliehenen Gegenstände sollten von so vielen verschiedenen Personen sein wie möglich. Ehe die Befreiung beginnt, können Sie auf die «Applausmünze» verweisen und erst dann mit der Vorführung fortfahren, wenn Sie den «Rundgang» erfolgreich abgeschlossen haben.

Uri-Geller-Parodie

Wie die Zuschauer den Trick sehen

Sie zeigen den Zuschauern einen Löffel (oder eine Gabel), der sich anschließend unter beschwörenden Blicken verbiegt.

Historisches

Das Verbiegen von Gegenständen zeigte in der Bundesrepublik erstmals am 17. Januar 1974 der Israeli Uri Geller in der ZDF-Sendung «Drei mal neun». Geller gab vor, übernatürliche Kräfte zu besitzen, die ihm das Verbiegen ermöglichen. Daß dies Schwindel und Betrug war, stellte sich bei späteren Testdemonstrationen heraus. In Deutschland setzte sich besonders Werner Geissler-Werry aus Düren ein, der mit wissenschaftlichen Untersuchungen jedes «Experiment» von Geller aufdeckte und erklärte.[18]

Dennoch blieb der Name Uri Geller in aller Munde und ist bis heute ein Begriff geblieben. Bei meiner «Parodie» handelt es sich mehr um einen Zauberscherz, der sehr verblüffend ist. Pate bei der Effektabfolge stand der Berliner Zauberkünstler Ralf Wichmann-Braco, der zuerst auf die Idee kam, einen besonders präparierten Löffel zu benutzen.

Das Geheimnis

In Scherzartikelgeschäften finden Sie sogenannte «Knick»löffel oder auch -gabeln. Die Besteckteile weisen im ersten Drittel ein kleines Scharnier auf, aufgrund dessen ein Verbiegen vorgetäuscht werden kann.

Die Utensilien

Besorgen Sie sich die oben erwähnten Löffel oder Gabeln. Am besten kaufen Sie gleich mehrere, denn die Teile haben nicht die Qualität, um zahlreiche Vorstellungen damit zu überstehen.

Die Vorbereitung

Bewahren Sie das Besteckteil an einem Platz auf, von dem Sie es schnell und ohne Mühen ergreifen können.

So wird der Trick vorgeführt

Und jetzt möchte ich Sie an jemanden erinnern, der auch gezaubert hat. Nur, der hat es nie so ehrlich zugegeben wie ich, der seinem Publikum erzählt, daß er trickst.

Ich meine Uri Geller. Können Sie sich noch erinnern an diesen Mann, der Uhren und Gabeln verborg?

Ich habe mir eine kleine Parodie dazu ausgedacht und habe auch zufällig noch einen Löffel dabei.

«Zufällig habe ich noch einen Löffel einstecken»

«Etwas reiben muß ich natürlich auch»

«Da steht ja noch etwas drauf»

Während Sie dies sagen, ergreifen Sie den Löffel und halten ihn von oben mit dem linken Daumen und Zeigefinger, die das Scharnier verdecken.

Etwas reiben muß ich natürlich auch, so wie es Uri auch getan hat.

Mit den rechten Zeige- und Mittelfingern führen Sie reibende Bewegungen auf dem Löffelstiel aus. Wenn Sie die Bewegungen zügig zeigen, bleibt der Scharnierspalt unentdeckt.

Halten Sie jedoch nach den ersten Reibungen kurz inne; blicken Sie

Unter beschwörenden Blicken scheint…

auf den Löffel, als hätten Sie gerade in diesem Augenblick etwas darauf entdeckt und sagen:

Moment, da steht ja noch etwas auf dem Löffel. – – – – Hotel – – In-ter-con-ti …

Fast immer ertönen an dieser Stelle einige Lacher, denen Sie antworten:

Ach, Sie kaufen auch da. Guten Tag, Kollegen. Haben Sie es auch schon mit den Handtüchern ausprobiert?

Nach dem Wort ‹Kollegen› warten Sie noch einen Moment, denn hier kommt garantiert ein stärkerer Lacher.

Reiben Sie nun weiter und gehen dabei auf einen Zuschauer zu.

Wollen Sie mal fühlen, ob er schon kalt wird?

Verdecken Sie mit den linken Fingern den Spalt und halten Sie jemandem den Löffel zum Berühren hin. Am besten gehen Sie zu einer Dame. Frauen sind meist sehr zaghaft und trauen sich kaum, den Löf-

sich der Löffel langsam zu verbiegen

fel anzufassen. Lassen Sie aber nur eine kurze Berührung zu und ziehen dann sofort den Löffel wieder zurück.

Passiert doch nichts, oder?

So, und nun muß ich mich auch noch etwas konzentrieren. Schauen Sie alle mal reichlich her.

Halten Sie nun den Löffel in Augenhöhe, wie auf dem Foto zu erkennen ist. Schauen Sie mit großen Augen auf ihn. Wenn Sie können, dann heben und senken Sie Ihre Augenbrauen abwechselnd, erst links, dann rechts. Warten Sie einige Sekunden. Nun lassen Sie den Druck Ihrer Finger etwas nach, und der Löffel beginnt, sich langsam zu «verbiegen». Bewegen Sie die Augen weiter und warten, bis der Löffel fast ganz zusammengefallen ist. Dann stecken Sie ihn sofort mit den Worten weg:

Das kostet mich jedesmal einen Löffel.

Der Löffel ist fast vollends zusammengefallen

Nachgedanken

Wie schon oben angedeutet, ist das Requisit zwar ein Scherzartikel, der seit zig Jahren im Handel erhältlich ist, aber dennoch ist die Wirkung auf ein Laienpublikum sehr verblüffend. Die Abfolge von Text und Handlung ist im Laufe der Zeit zu einer Einheit verschmolzen, die mich noch nie in ihrer Wirkung im Stich gelassen hat.

Der Ballonhund

Wie die Zuschauer den Trick sehen

Ein länglicher Luftballon wird aufgeblasen und vom Vorführenden zu einem Tier verformt.

Historisches

Das Formen von Ballons, mit denen man die verschiedenen Tiere darstellen kann, ist verhältnismäßig jung. Es wurde 1952 zum erstenmal in der englischen Zauberfachzeitschrift «Magic Magazine»[19] beschrieben.

Inzwischen ist es fast auf der ganzen Welt populär geworden und eignet sich bestens für Auftritte auf der Straße.

Modellierballons gibt es bei uns oft in Warenhäusern zu kaufen.

Das Geheimnis

Sie benötigen sehr viel Übung, um ein oder mehrere Tiere aus Ballons formen zu können. Je zügiger Sie ein Tier formen, desto größer ist die Wirkung beim Publikum. Ein Geheimnis beim Aufblasen gibt es nicht. Versuchen Sie es einfach so lange, bis es problemlos und ohne roten Kopf geht.

Die Utensilien

Besorgen Sie sich längliche Ballons. Solche aus den Warenhäusern sind ohne weiteres brauchbar. Weitere Bezugsquellen finden Sie im Anhang.

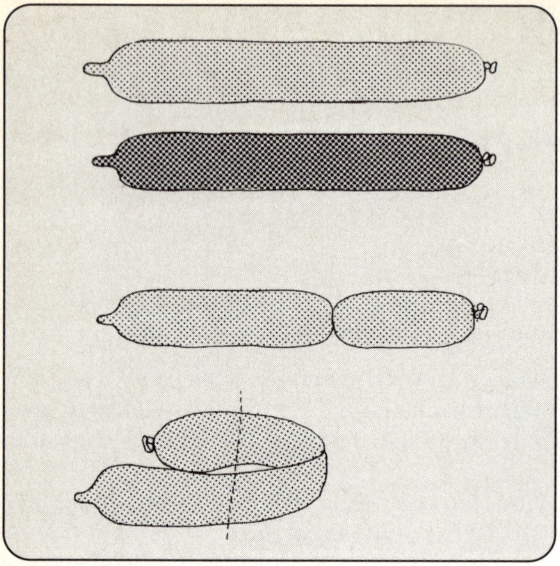

Blasen Sie die Ballons nie völlig auf. Nur dann kann man sie miteinander abschnüren

Die Vorbereitung

Achten Sie darauf, daß die Ballons handwarm sind. Im Winter z. B. sollten Sie keine kalten Ballons zum Modellieren verwenden. Bewahren Sie die Ballons in Ihrer Hosentasche, dicht am Körper auf.

So wird der Trick vorgeführt

Es wird hier das Formen eines Hundes beschrieben. Wenn Sie erst einmal Übung haben, fallen Ihnen sicher noch andere Tierformen ein, die auf der Grundform des Hundes aufgebaut werden können.

Sie benötigen zwei lange Ballons. Blasen Sie sie auf, aber ehe Sie sie mit einem Knoten abdichten, lassen Sie wieder etwas Luft heraus. Dadurch wird das Material «vorgedehnt».

Nun verdrehen Sie beide Ballons derart, wie auf der Abbildung zu erkennen ist. Sie beginnen mit etwa einem Drittel der Ballonwurst, die Sie verdrehen und quasi abschnüren. Dieses Drittel biegen Sie auf den Rest und verdrehen nun den Ballon in der Mitte der aufeinanderliegenden Ballonteile.

Es entsteht ein Gebilde, wie es auf der Abbildung zu erkennen ist.

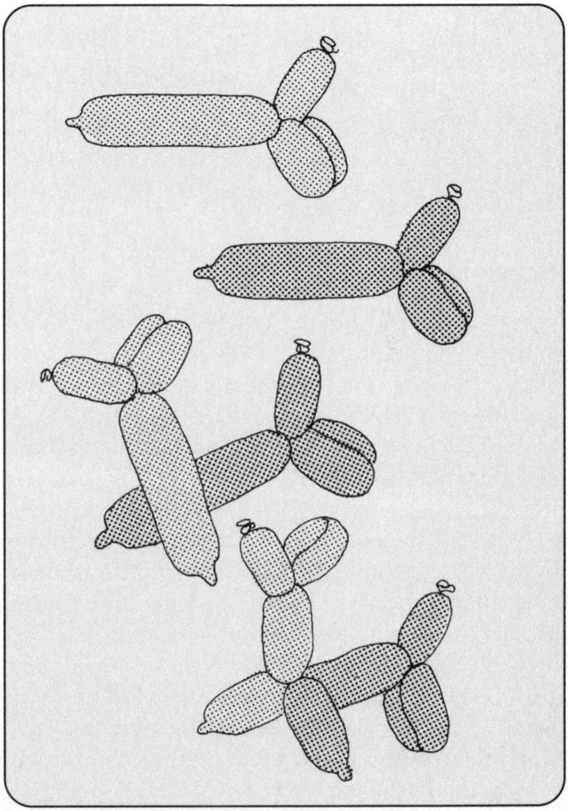

Beide Grundformen zusammen ergeben den fertigen Ballonhund

Auf die gleiche Art formen Sie den zweiten Ballon. Danach werden die beiden Teile miteinander verbunden. Dazu legen Sie die Hälften der langen Teile aufeinander und schnüren beide miteinander ab.

Der Hund ist fertig.

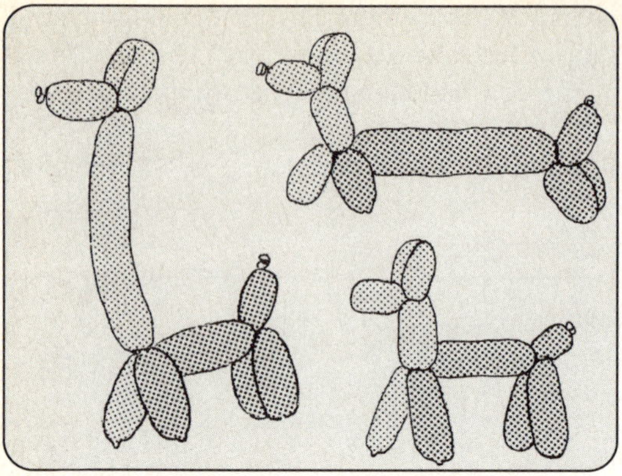

Drei Tierbeispiele, die nach dem gleichen Prinzip entstanden sind

Nachgedanken

Die Ballontiere werden zum Verschenken geformt und ernten fast immer Sympathie beim Publikum. Es bietet sich an, das Ballontier Kindern oder Damen zu schenken. Nach den Vorstellungen sind sie gute Werbeträger, denn sie fallen stets auf.

Entsprechend der Länge der gestalteten Körperteile können sich Giraffen, Pferde oder kleine Dackel ergeben. Die Abbildung zeigt Beispiele.

Wenn Sie bei einem der im Anhang aufgeführten Händler Ballons bestellen, fragen Sie nach der Nr. 260. Unter dieser Bezeichnung erhalten Sie Ballons, die sehr lang und dünn sind und aus denen man jeweils ein komplettes Tier formen kann.

Wenn Sie mit dem Ballonformen beginnen, üben Sie zunächst das Aufblasen. Blasen Sie auch mal einen Ballon so weit auf, bis er platzt. Damit erfahren Sie seine Volumengrenze und lernen gleichzeitig den Knall zu ertragen. Ihnen werden ganz sicherlich im Laufe der Vorstellungen Ballons platzen. Da das Material Gummi ist, kann überhaupt nichts passieren. Man hat lediglich stets nur vor dem Geräusch Angst. Diese Angst sollten Sie überwinden, um auch hier vor Ihrem Publikum souverän zu bleiben.

Es sieht nicht überzeugend aus, wenn Sie vor den Zuschauern den Ballon mit einem Gesicht aufblasen, das schon ein mögliches Platzen signalisiert und dem man die Angst vor dem Platzen ablesen kann.

«Ein kleiner Hund und ist schon stubenrein»

«Ich kann dreißig verschiedene Tiere formen. – Die sehen hinterher allerdings alle aus wie ein Hund.»

Die Zeitungspalme

Wie die Zuschauer den Trick sehen

Eine Zeitungsrolle wird der Länge nach zur Hälfte vier mal von oben eingerissen. Die nach außen fallenden Zeitungsteile ergeben ein pflanzenartiges Gebilde.

Wird nun an einem der innersten Teile die Rolle auseinandergezogen, entsteht eine «Palme» bis zu einer Höhe von drei oder vier Metern.

Historisches

Anfang des 20. Jahrhunderts wurde dieses Kunststück bei Zauberkünstlern im In- und Ausland beliebt.

Obwohl es für die Zuschauer schnell nachzuvollziehen ist und von vornherein kein eigentliches Geheimnis vor ihren Augen verbergen will, ruft es stets Bewunderungsäußerungen hervor.

Einer der ersten, der eine Beschreibung dazu veröffentlichte, war der bekannte Fachschriftsteller und Zaubergerätehändler Conradi Horster.[20+21]

Das Geheimnis

Wie schon angedeutet, weist dieses Kunststück kein verstecktes Geheimnis auf.

Die Utensilien

Sie benötigen einige Zeitungsblätter. Die Anzahl der Bögen richtet sich nach der gewünschten Höhe der Palme.

Die Vorbereitung

Nehmen Sie ein Zeitungsblatt und rollen Sie es über die Schmalseite bis auf 10 cm auf. Auf dieses Reststück legen Sie ein weiteres Blatt und rollen nun weiter. Fahren Sie fort, bis Sie 7 oder 10 Bögen zusammengerollt haben. Sie können das Ende des Papiers mit Kleber oder Klebstreifen an der Rolle festkleben.

So wird der Trick vorgeführt

Zeigen Sie die Papierrolle und reißen Sie sie dann so ein, wie auf der Abbildung zu erkennen ist.

Legen Sie die Teile nach außen um und beginnen aus der Mitte heraus, die Palme auseinanderzuziehen.

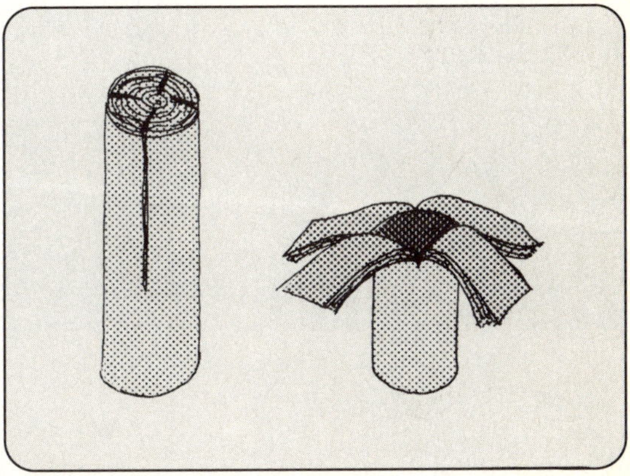

Das Einreißen der Zeitungsrolle

*Die Zeitungs-
palme entsteht*

Nachgedanken

Wie schon erwähnt, je höher die Palme werden soll, desto mehr Bögen müssen Sie zusammenrollen. Je dicker jedoch die Rolle wird, desto schwieriger wird das Einreißen. Und jetzt folgt ein kleiner Trick, mit dem Sie auch diese Schwierigkeit meistern können.

Wenn Sie Ihre Rolle fertig und den letzten Bogen festgeklebt haben, schneiden Sie die Rolle mit einem scharfen Messer oder einer Rasierklinge viermal ein. Danach kleben Sie einen weiteren Bogen Zeitung um diese Rolle, und schon sieht sie «normal» aus.

*Die Zeitungs-
palme wächst
weiter*

So vorbereitet, können Sie nun vor Ihren Zuschauern sehr leicht die Rolle einreißen.

Auf der Straße ist die Palme ein wirksames Publikumskunststück, das für Sie ähnlich wirbt wie der Ballonhund, wenn Sie sie nach der Fertigstellung einem Zuschauer schenken.

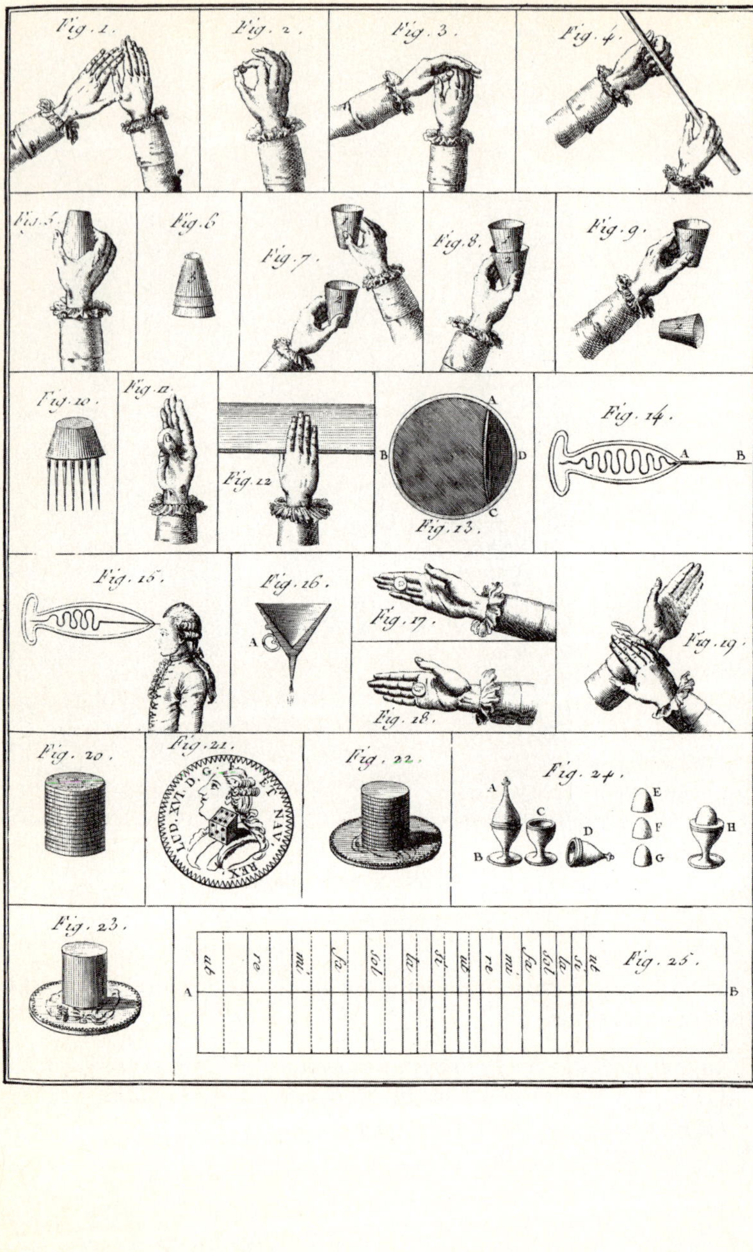
Fig. 1.
Fig. 2.
Fig. 3.
Fig. 4.
Fig. 5.
Fig. 6
Fig. 7.
Fig. 8.
Fig. 9.
Fig. 10.
Fig. 11.
Fig. 12
A
B
D
C
Fig. 13.
Fig. 14.
A
B
Fig. 15.
Fig. 16.
A
Fig. 17.
Fig. 18.
Fig. 19.
Fig. 20.
Fig. 21.
LUD. XVI. D. G. F. ET NAV. REX.
Fig. 22.
Fig. 24.
A
B
C
D
E
F
G
H
Fig. 23.
ut re mi fa sol la si ut re mi fa sol la si ut
Fig. 25.
A
B

6. Abteilung: Tricks der fliegenden Händler

Die Händler, die Tricks auf den Straßen verkaufen, gehören streng historisch ebenso zu den Taschenspielern. Sie zaubern und unterhalten oftmals die Zuschauer nicht minder exzellent als die Taschenspieler.

Ihre Kunststücke beherrschen sie mit einer Routine, wie sie sich mancher Amateur wünscht.

Die Tricks haben im allgemeinen einen geringen Materialwert und wurden vor Jahren häufig von den Händlern noch selbst per Hand zusammengesetzt. Inzwischen werden viele der heute angebotenen Effekte industriemäßig hergestellt.

Unter dieser Rubrik beschreibe ich einige Zauberkunststücke, die zwar vorwiegend von Straßenhändlern verkauft wurden und noch werden, die aber nach wie vor eine erstaunliche Wirkung zeigen. Obendrein gehören sie zum Repertoire der Taschenspieler, die Kunststücke sind irgendwann einmal von den Händlern entdeckt und für brauchbar befunden worden, sie auf der Straße zu verkaufen. Die Herstellung ist fast immer preiswert, so daß sich der Verkauf lohnt.

Auch wenn die Kunststücke in einer immens hohen Auflage vertrieben werden und man annehmen könnte, daß das Geheimnis jedem bekannt sein muß, finden diese Tricks stets ein Publikum. Nur derjenige, der sich wirklich für die Zauberkunst interessiert, wird das Geheimnis behalten. Derjenige, der nur seine momentane Neugier befriedigen will, wird häufig nicht einmal das Geheimnis wiedererkennen, wenn er das betreffende oder auch nur ein ähnliches Kunststück gut vorgeführt sieht.

Wenn Sie die Tricks allerdings genauso perfekt vorführen möchten wie der Verkäufer, dann müssen Sie sehr fleißig üben. Der Verkäufer führt schließlich seine Tricks Hunderte von Malen vor und beherrscht jeden Griff perfekt.

Der Kellentrick

Wie die Zuschauer den Trick sehen

Auf zwei kleinen Brettchen, die wie Paddel aussehen, erscheinen und verschwinden Punkte in beliebiger Reihenfolge.

Historisches

Kellentricks sind in der Zauberkunst sehr beliebt, und es gibt unzählige Varianten, die alle auf diesem wirklich alten Prinzip basieren. Kaum einer weiß jedoch heute, daß das Prinzip in dem schon erwähnten ersten Zauberbuch «The Discoverie of Witchcraft» beschrieben wurde.

Das Geheimnis

Die kleinen Bretter haben einen Stiel und sehen in der Tat wie Paddel aus.

Die Kelle wird am Stiel mit Daumen und Zeigefinger gehalten. Wenn die Hand zum Körper gedreht wird, um die andere Seite der Kelle zu zeigen, wird gleichzeitig der Stiel zwischen Daumen und Zeigefinger gedreht. Da der Stiel kantig ist, läßt er sich gewissermaßen zwischen den Fingern «zwirbeln». Durch das gleichzeitige Drehen der Hand, fällt das zusätzliche Drehen der Kelle nicht auf. Auf diese Weise sieht also der Zuschauer die gleiche Seite der Kelle zweimal, meint aber, er sieht beide Seiten der Kelle. Auf diesem Dreh im wahrsten Sinne des Wortes basiert der gesamte Effektablauf.

Den Griff sollten Sie mit beiden Händen perfekt beherrschen, denn dieses Kunststück wirkt besonders eindrucksvoll, wenn es gleichzeitig mit zwei Kellen vorgeführt wird.

Die Utensilien

Besorgen Sie sich zwei Paddel, die in den Maßen denen entsprechen, die auf der Abbildung zu sehen sind. Sie lassen sich relativ leicht z. B. aus 2–3 mm starkem Sperrholz sägen. Die Gesamtlänge kann etwa 9 cm betragen, von denen 3 cm den Stiel ausmachen.

Auf eine Seite einer Kelle malen Sie einen Punkt, die andere Seite bleibt leer. Auf eine Seite der anderen Kelle malen Sie zwei Punkte.

Die Vorbereitung

Nehmen Sie in jede Hand eine Kelle, links ein Punkt, rechts zwei Punkte, und zeigen die leeren Seiten.

So wird der Trick vorgeführt

Zeigen Sie beide Kellen von beiden Seiten «leer», d. h. Sie zeigen den Zuschauern die unbemalten Seiten der Kellen und drehen sie dann mit dem oben beschriebenen Drehgriff um. Nun lassen Sie rechts einen Punkt erscheinen:

Führen Sie mit der Rechten eine ruckartige Bewegung aus, in dem Sie sie nach vorn, vom Körper wegstoßen. Im gleichen Augenblick drehen Sie die Kelle in der Hand um. Wenn Sie nun die Rechte wieder ruhig vor die Zuschauer halten, erkennt man einen Punkt darauf.

Drehen Sie diese Kelle ohne Griff um und zeigen Sie, daß die Unterseite noch leer ist. Stoßen Sie diese erneut nach vorn, führen aber dabei keine Drehbewegung aus. Nur soll das Nach-Vorne-Stoßen genauso aussehen wie beim erstenmal.

Halten Sie die Hand danach wieder ruhig Ihren Zuschauern hin und zeigen jetzt mit dem Drehgriff, daß auch auf der zweiten Seite der Kelle ein Punkt erschienen ist.

Zeigen Sie inzwischen noch einmal die linke Kelle von beiden Seiten leer.

Nun schlagen Sie leicht mit der rechten Kelle auf die linke und drehen dabei mit dem Griff beide Kellen um. Auf diese Weise haben Sie rechts die Punkte verschwinden und links auf der Kelle erscheinen lassen.

Zeigen Sie die Kelle links mit der Unterseite ohne Drehgriff, um zu zeigen, daß diese Seite noch leer ist.

Lassen Sie danach auf die eben beschriebene Stoß-Weise rechts zwei «weitere» Punkte erscheinen, die Sie anschließend ebenfalls auf die linke Kelle «werfen».

In umgekehrter Reihenfolge können Sie als Schluß die Punkte nach und nach wieder verschwinden lassen.

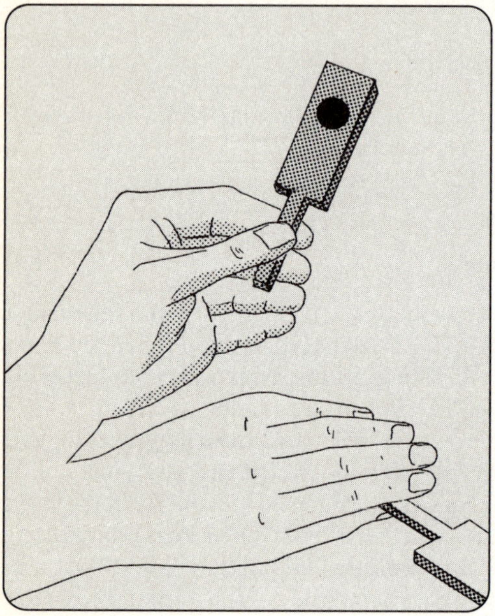

Die Kelle wird scheinbar von beiden Seiten vorgezeigt

Nachgedanken

Geben Sie die Kellen nie aus der Hand zum Untersuchen.

Sie können auch bei den einzelnen Zuschauern die Punkte «hervorholen». Gehen Sie mit der rechten Kelle auf eine Person zu und führen Sie sie z. B. hinter deren Ohr, hier drehen Sie das Brett und kommen mit einem Punkt darauf wieder zum Vorschein.

An Stelle der Punkte lassen sich natürlich auch andere Muster auf den Kellen anbringen. Ihrer Phantasie sind keine Grenzen gesetzt.

Die Zaubermaus

Wie die Zuschauer den Trick sehen

Eine kleine weiße Maus läuft dem Vorführer über seine Hände, springt in ein Glas und kommt dort wieder heraus.

Historisches

Die Zaubermaus war schon in frühen Katalogen der Zauberapparatehändler des 19. Jahrhunderts angeboten.[22]
Dieses hübsche Kunststück sieht man in dieser Form heute überhaupt nicht mehr. Als Variante ist dagegen vielleicht der «Wurli-Wurm» dem Leser besser bekannt, der nach dem gleichen Prinzip vorgeführt wird.

Das Geheimnis

Ein dünner, kaum erkennbarer Faden wird benötigt, um die Maus lebendig erscheinen zu lassen. Je nach Vorführplatz und Kleidung kann man auch einen schwarzen Faden benutzen.

Die Utensilien

Formen Sie mit einer Modelliermasse, z. B. Fimo, eine kleine weiße Maus, wie sie die Abbildung zeigt. Auf der Unterseite befestigen Sie etwa in der Mitte der Fläche den Faden. Die Länge des Fadens hängt von Ihrer Armlänge ab und kann etwa 30 cm betragen. Das andere Ende befestigen Sie vorn an Ihrer Hose.

Die Vorbereitung

Achten Sie darauf, daß Sie nicht im grellen Licht stehen. Wenn Ihre Kleidung dunkel ist, bietet sie zusätzliche Tarnung für den Faden.

Die Zaubermaus aus Fimo. Am Ende des Fadens kann man eine Sicherheitsnadel befestigen

So wird der Trick vorgeführt

Es bleibt Ihrem Geschick überlassen, die Maus lebendig erscheinen zu lassen.

Halten Sie die Maus auf Ihrer linken Handfläche. Führen Sie die Hand nach vorn, vom Körper weg, und es entsteht der Eindruck, als ob sich die Maus von selbst über die Handfläche bewegt. Ehe die Maus von Ihrer Handfläche fällt, geht Ihre rechte Hand darunter und fängt sie auf. Sofort geht auch die Rechte nach vorn, und ehe die Maus von ihr zu fallen droht, fängt die Linke sie auf. Je kontinuierlicher diese Bewegungen ausgeführt werden, desto deutlicher entsteht die Illusion, als ob die Maus auf den Händen läuft.

Sie können auch die Hände beim Auffangen umdrehen und die Maus über den Rücken laufen lassen.

Die Maus im Glas

Halten Sie die Maus auf der linken Handfläche. Mit der rechten Hand ergreifen Sie ein Glas und halten es direkt über den Faden, hinter Ihrer linken Hand. Senken Sie die Rechte auf den Faden und ziehen Sie ihn so nach unten, dann wird die Maus mitgezogen und kann in das Glas fallen. Wenn Sie das Glas heben und senken, wird die Maus darin auf- und nieder«laufen». Wenn Sie das Glas weit nach oben führen, wird die Maus wieder aus dem Glas herausspringen.

Beenden Sie die Vorführung, indem Sie die Maus einstecken.

Das Svengali-Kartenspiel

Wie die Zuschauer den Trick sehen

Mit diesem speziellen Kartenspiel läßt sich eine Fülle von verschiedenen Effekten vorführen.

Beispiel 1: Der Zuschauer wählt eine beliebige Karte, die Sie als Zauberkünstler schon vorher kannten.

Beispiel 2: Eine gewählte Karte wird ins Spiel zurückgegeben. Dieses wird mehrere Male abgehoben. Der Zuschauer kann sagen, wann mit dem Abheben aufgehört werden soll. Die nun zuoberst liegende Karte ist die gewählte.

Historisches

Dieses Kartenspiel gehört seit Jahrzehnten zum Repertoire der Straßen-Zauberhändler.

In der Zaubergeschichte taucht die Beschreibung für das präparierte Kartenspiel zum erstenmal 1911 in dem Buch «Sealed Mysteries» von Burling Hull[23] auf. Er will das Spiel bereits 1909 erfunden haben.[24]

Das Geheimnis

Das besondere an dem Spiel besteht darin, daß es zur Hälfte aus gleichen Karten besteht, die um einen knappen Millimeter kürzer sind als die «normalen» der anderen Hälfte. Diese kurzen Karten (im Nachfolgenden K-Karten genannt) liegen alternierend mit den normalen im Spiel.

Die Utensilien und die Vorbereitung

Wie bereits oben angesprochen, werden 16 (oder bei einem 52-Blatt-Spiel 26) K-Karten benötigt, die zum Beispiel den Herz-König zeigen. Dazu kommen 16 (26) verschiedene Karten.

So werden die Tricks vorgeführt

Bei allen Effekten, die Sie mit dem Spiel zeigen, sollten Sie nie an ein Trickspiel denken, sondern versuchen, das Spiel wie ein normales handzuhaben. Nur Sie wissen, daß Sie ein präpariertes Spiel benutzen. Die Zuschauer denken gar nicht daran.

Im Anschluß beschreibe ich einige Handhabungen, die anders sind als die, die die Straßenhändler zeigen. Diese führen das Spiel fast immer dergestalt vor, daß sie die Karten von einer Hand in die andere abrauschen lassen und das Päckchen dabei so halten, wie auf der Abbildung zu erkennen ist.

Grundtechniken

Wenn Sie die Karten vorzeigen wollen, müssen Sie zuvor das Spiel mit den Schmalseiten auf Ihrer Hand oder auf einem Tisch aufstoßen, damit sich die K-Karten zwischen den normalen ausrichten können.

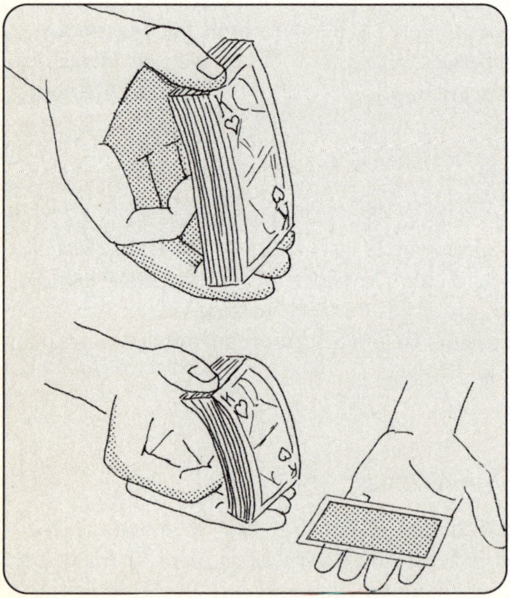

Die bekannte Art, das Svengalispiel vorzublättern

Technik Nr. 1

Das Vorzeigen als normales Spiel
Halten Sie das Spiel in der rechten Hand wie auf der Abbildung. Die linke Hand liegt darunter. Lassen Sie aus der rechten Hand von unten einige Karten auf die linke Hand herunterfallen und drehen dabei langsam die rechte Hand waagerecht im Halbkreis nach rechts. So können Sie die Karten links fächerartig auffangen. Lassen Sie alle Karten aus der Rechten fallen. Wenn Sie während des Herunterfallens die Karten in der Rechten etwas durchbiegen, springen sie leichter ab.

Greifen Sie nun mit dieser Hand von oben auf den Kartenfächer in der Linken, wie es die Abbildung zeigt. Drehen Sie nun die Karten in der rechten Hand mit den Bildseiten zu den Zuschauern, um zu zeigen, daß Sie ein «gewöhnliches» Spiel benutzen.

Erwähnen Sie dies aber nie direkt bei Ihrem Publikum. Sie können z. B. mit den Worten «Darf ich Ihnen ein Kartenexperiment vorführen» die Karten derart vorzeigen. Dabei haben Sie auf ganz natürliche Weise die Karten präsentiert, ohne darauf aufmerksam zu machen.

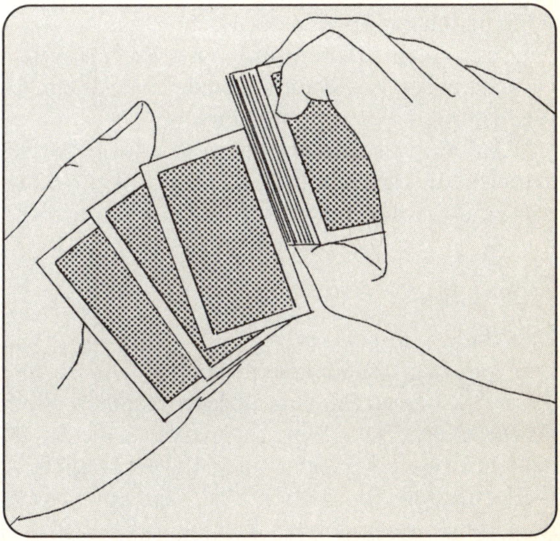

Lassen Sie die Karten aus der rechten Hand auf die Linke fallen

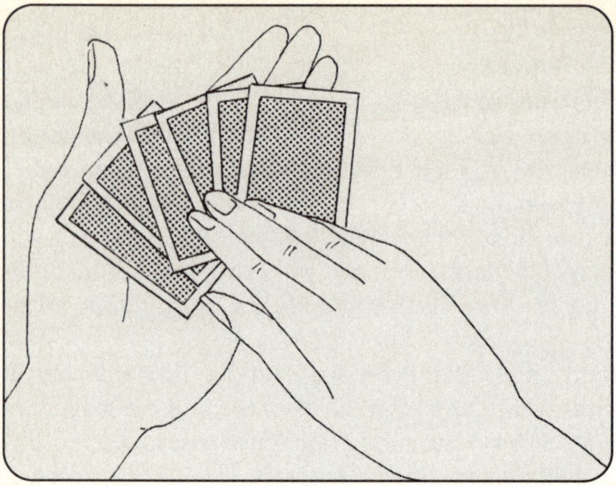

Die rechte Hand ergreift von oben den Fächer, um so alle Karten vorzuzeigen

Technik Nr. 2

Das Mischen[25]

Dies ist eine hervorragende Art, die Karten vorzuzeigen, die ich selbst noch nie bei einem Straßenverkäufer gesehen habe.

Sie halten das Spiel in der Rechten wie bei der Technik Nr. 1, allerdings senkrecht. Dabei werden die Karten etwas durchgebogen und päckchenweise in die auffangende Linke fallen. Es sieht dann wie ein sogenanntes Überhandmischen aus.

Wenn Sie diese beiden Techniken gut beherrschen, wird kaum jemand auf die Idee kommen, daß Sie ein Trick-Kartenspiel verwenden.

Eine Grundtechnik müssen Sie noch zusätzlich beherrschen.

Technik Nr. 3

Zwei Karten als eine vorzeigen.

Das Spiel liegt auf der linken Hand, und die Rechte greift von oben an das Spiel. Lassen Sie vom rechten Daumen alle Karten abrauschen, bis zur letzten. Sie ist eine Doppelkarte, die Sie gleich vom Spiel nehmen und als eine einzelne präsentieren können.

Ehe ich nun einige Effekte mit dem Spiel beschreibe, beachten Sie bitte immer die folgenden drei Punkte:

1. Die Karten müssen immer abwechselnd liegen, eine kurze, eine lange etc.
2. Wenn eine K-Karte aus dem Spiel genommen wird, muß sie an die gleiche Stelle zurückgelegt werden.
3. Das Spiel muß vor dem Vorblättern, Abheben etc. immer kurz aufgestoßen werden, damit sich die Karten genügend ausrichten können.

Trick Nr. 1

Eine Karte wird «gezogen» und wiedergefunden, nachdem sie ins Spiel gegeben wurde.
Fächern Sie die Karten in die Linke, wie unter Technik Nr. 1 beschrieben, und übernehmen den Fächer mit der rechten Hand, mit der Sie den Fächer einem Zuschauer verdeckt hinhalten. Er soll auf eine der Karten tippen. Damit vermeiden Sie, daß er den Fächer auseinanderbringt und eine verdecktliegende Karte wählt. Lassen Sie ihn die berührte Karte aus dem Fächer nehmen und anschauen. Sie schieben den Fächer zusammen, teilen ihn aber an der Stelle, an der die Karte entnommen wurde, und heben das Spiel an dieser Stelle ab.

Nachdem die Karte allen anderen gezeigt worden ist, lassen Sie sie oben auf Ihr Spiel legen und heben das Spiel ab. Dadurch kommt die gewählte Karte in die Mitte, und die Zuschauer müssen glauben, daß sie im Spiel verloren ist. Auch ein Zuschauer kann abheben, so oft er mag. Wann immer er will, soll er aufhören. (Falls keine K-Karte oben liegt, heben Sie selbst noch einmal ab.)

Fragen Sie jetzt nach dem Namen der Karte und drehen dann die oberste auf dem Spiel um. Es ist die vom Zuschauer gewählte.

Trick Nr. 2

Eine Karte verwandelt sich in die vom Zuschauer gewählte.
Verfahren Sie wie beim Trick Nr. 1, nur zeigen Sie zum Schluß die obersten beiden Karten als eine vor. «Oben liegt Ihre Karte nicht», können Sie beim Vorzeigen sagen, und legen dann die Karte(n) wieder zurück aufs Spiel. Sofort nehmen Sie die wirklich oberste vom Spiel und halten sie einem Zuschauer hin, er soll darauf pusten. Da-

nach drehen Sie sie um, und man sieht, daß sie sich in die vom Zuschauer gewählte verwandelt hat.

Trick Nr. 3

Eine Karte voraussagen
Schreiben Sie auf einen Zettel den Namen der K-Karte. In unserem Falle also Herz-König. Falten Sie den Zettel zusammen und legen ihn vor Ihrer Vorführung für alle gut sichtbar auf den Tisch.

Mischen Sie das Spiel mit den Bildseiten zum Publikum und heben Sie es danach ab.

Bitten Sie nun einen Zuschauer ‹stop› zu sagen, während Sie das Spiel immer wieder abheben. Wenn der Mitspieler ‹stop› sagt, vervollständigen Sie noch das Abheben und lassen dann von ihm die oberste Karte umdrehen. Es ist der (in unserem Falle) Herz-König. Wenn dann die Voraussage geöffnet wird, stimmt Sie mit der gewählten Karte überein.

Sie können natürlich nicht all die hier beschriebenen Effekte hintereinander demselben Publikum präsentieren, da die gemerkten Karten immer die gleichen sind – in unserem Fall der Herz-König.

Zum Schluß beschreibe ich noch einen Effekt, der nicht nur außerordentlich verblüffend ist, sondern den Vorteil besitzt, daß Sie völlig unbemerkt dabei das Spiel gegen ein «normales» austauschen können, mit dem Sie gleich anschließend einen weiteren, höchst effektvollen Kartentrick vorführen können.

Trick Nr. 4

Der Zuschauer findet selbst seine frei gewählte Karte.
Sie benötigen zusätzlich ein normales Kartenspiel, das die gleiche Musterung auf der Rückseite zeigt wie das Svengali-Spiel. Daraus entfernen Sie Ihre K-Karte, also in unserem Falle den Herz-König.

Das Spiel geben Sie in Ihre rechte äußere Jackettasche oder in die umhängende Gaukeltasche. Mit dem Svengali-Spiel beginnen Sie.

Lassen Sie wie unter Trick Nr. 1 eine Karte ziehen. Es ist natürlich die K-Karte. Sie kommt zurück ins Spiel, das «gemischt» und abgehoben wird. Halten Sie das Spiel anschließend in der linken Hand und teilen von oben die Karten einzeln in zwei Päckchen. Das geschieht wie folgt: Die oberste Karte (K-Karte) legen Sie auf den Tisch, die nächste Karte legen Sie rechts daneben. Die dritte Karte (K-Karte) legen Sie auf die zuerst hingelegte (also auf die erste K-Karte, die vierte Karte kommt wieder rechts daneben, auf die ursprünglich zweite Karte. So fahren Sie fort, bis alle 32 bzw. 52 Karten in zwei Päckchen aufgeteilt sind. Links liegen nur die K-Karten und rechts die «normalen»

Lassen sie jetzt von einem Zuschauer auf ein Päckchen deuten. Hat er nun auf das rechte Päckchen (hier sind die «normalen» Karten vom Svengali-Spiel) gezeigt, dann sagen Sie mit großer Selbstverständlichkeit: «Also dieses Päckchen stecke ich ein und zaubere mit dem anderen weiter.» Zeigt er auf das linke, dann sagen sie: «Also zaubere ich mit diesem Päckchen weiter und lasse es auf dem Tisch liegen, die anderen Karten stecke ich vorerst ein, die brauchen wir momentan nicht mehr.»

Das linke Päckchen nehmen Sie nun auf und teilen es wieder in der gerade beschriebenen Weise in zwei Päckchen auf. Jetzt liegen entweder zweimal acht oder zweimal 13 Karten auf dem Tisch. Lassen Sie erneut den Zuschauer auf ein Päckchen deuten, aber sagen Sie diesmal, daß er auf das Päckchen zeigen soll, mit dem weitergezaubert werden soll. Auch jetzt kommt das andere Päckchen in die Tasche. Fahren Sie nun so lange fort, bis nur noch eine Karte übrigbleibt. Wenn Sie mit 52 Karten zaubern, bleibt zum Schluß nur eine Karte übrig, bei einem Skatspiel jedoch liegen zum Schluß links und rechts jeweils eine Karte. Lassen Sie eine bestimmen und geben die andere in die Tasche. Die übriggebliebene Karte ist die vom Zuschauer gewählte.

Und jetzt können Sie anschließend, wie schon angedeutet, einen weiteren, erstaunlichen Trick zeigen.

Trick Nr. 5

Wie Sie ein zweites Mal die vom Zuschauer gewählte Karte finden.
Holen Sie nun wieder die Karten aus der Tasche hervor – es sind jetzt natürlich die zu Anfang hineingegebenen «normalen» 31 bzw. 51 Karten. Lassen Sie in dieses Spiel die Karte vom Zuschauer hineingeben und bitten Sie ihn, das Spiel nach Herzenslust zu mischen. Wenn Sie dann die Karten zurücknehmen, rauschen Sie das Spiel an den Schmalseiten ab, es wird sich an der K-Karte, die ja nun die einzige

kurze Karte im Spiel ist, automatisch trennen. Hier heben Sie das Spiel ab. Die oberste Karte ist nun die vom Zuschauer gewählte. Diese Tatsache ist vorläufig nur Ihnen bekannt. Betonen Sie noch einmal, daß es eine frei gewählte Karte war, die der Zuschauer selbst ins Spiel gemischt hat. Zum Schluß drehen Sie die Karte um.

7. Abteilung: Historie und Tricks der Zauberkästen

Wann genau der erste Zauberkasten produziert wurde, läßt sich mit Sicherheit nicht feststellen. Tatsache jedoch ist, daß die Kunststücke der Kästen wesentlich älter sind.

Wahrscheinlich kam eines Tages ein pfiffiger Händler auf die Idee, seinen Kunden mehrere Tricks zusammen in einem Kasten anzubieten.

Obwohl sich die Zauberkästen in erster Linie an Kinder und Jugendliche richten, sind die Effekte darin durchaus professionell.

Allerdings kann der unbedarfte Laie die Wirkung der Kunststücke nur selten würdigen, da einerseits die Trickbeschreibungen in den Zauberkästen fast immer spärlich und unverständlich wiedergegeben werden und zum andern die Geräte meistens in sehr mittelmäßiger Ausführung geliefert werden.

Der Taschenspielerapparat

Die Taschenspielerapparate trugen dazu bei, daß die Kunst der Täuschung zu Beginn des 19. Jahrhunderts noch populärer wurde. Es gab zwar schon seit rund 250 Jahren Bücher, in denen Kunststücke beschrieben wurden, aber erst mit den Taschenspielerapparaten konnten die Geräte dazu en bloc gekauft werden.

Geht man von der ursprünglichen Bedeutung des Taschenspielerapparates aus, weist dieser auf das aus mehreren Teilen bestehende Rüstzeug eines Zauberkünstlers hin. Für unsere heutige Zeit eignet sich hierfür das schon sehr gebräuchliche Wort «Set», das aus dem Englischen stammt und «Satz, Zusammengehöriges» bedeutet. Vielfach wird heute auch der Ausdruck Zauberkasten verwendet.

Die älteste Quelle, die auf Zauberkästen hinweist, konnte ich in dem

Dieser Zauberkasten «Neuer Taschenspieler Apparat» wurde um 1850 in Nürnberg hergestellt. Beliebt waren damals die Kunststücke mit den Eier- und Kugelvasen, aus denen die Eier oder Kugeln verschwanden, um nach wenigen Augenblicken wieder zu erscheinen

Bestelmeier-Katalog von 1803 finden. Unter der Bestellnummer 739 wird dort ein «Taschenspieler-Apparat» aufgelistet, «der aus sehr vielen Stücken» besteht. «Taschenspieler» heißt er, weil man damals die Zauberkünstler so nannte. Auch das Wort «Apparat» muß im alten, ursprünglichen lateinischen Sinne verstanden werden: apparatus = Ausrüstung, wohlausgerüstet, prächtig ausgestattet. Die einzelnen Tricks gab es zwar schon länger, nur mußte erst einmal ein pfiffiger Händler auf die Idee kommen, mehrere zusammen in einem Kasten anzubieten.

Zielgruppe waren in erster Linie Kinder. Wie häufig in der Spielzeugwelt wurde damit das Tun der Erwachsenen (-Zauberkünstler) imitiert.

Die Zaubertricks der Zauberkästen richten sich zwar immer an

Taschenspiel-Apparat von ca. 1850. Darin kann man unter anderem die Ahle und die Korallen erkennen

Kinder und werden dadurch stets als Kinderspielzeug abgetan, sind aber beileibe keine Kindertricks. Oft hört man auch den Ausdruck: «Das sind ja nur kleine Tricks.»

Grundsätzlich, verehrter Leser, gibt es keine kleinen Tricks. Es gibt nur «kleine Vorführer».

Jeder Trick im Kinderzauberkasten ist ebenso professionell vorzuführen wie ein teures Kunststück im Zauberfachhandel.

Denken Sie nur an das Becherspiel (Seite 20) und an die Korallen (Seite 29). Beide Kunststücke werden der breiten Öffentlichkeit bereits in den ersten Zauberkästen angeboten und werden immer noch von Profi-Zauberkünstlern der heutigen Zeit gezeigt.

Die Requisiten sind vielleicht manchmal einfacher hergestellt als die für den Profi, die Effekte werden allerdings davon nicht betroffen.

Im Nachfolgenden beschreibe ich aus einigen sehr alten Zauberkästen meiner Sammlung Kunststücke, die sich auch für die Vorstellungen auf Straßen eignen, wenn man einen Tisch mit sich führt.

Einige behandeln das Thema Geld, das damals als Trickinhalt sehr beliebt war und ganz und gar zum Stile der Taschenspieler gehört. Ich selbst habe allerdings bei freiwilligen Auftritten auf der Straße nie mit Geld gezaubert. Aber das ist mein Problem.

Neuer Taschenspielerapparat, der etwa aus dem Jahre 1860 stammt

Das gefaltete Papier

Wie die Zuschauer den Trick sehen

Sie borgen sich einen kleinen flachen Gegenstand, z. B. einen Ring oder Schlüssel aus. Dieser wird in ein Stück Papier gewickelt. Das so entstandene Päckchen wird in ein weiteres Papier gewickelt und zum Schluß noch einmal in einem Bogen Papier verpackt.

Wenn anschließend die Papiere nacheinander wieder geöffnet werden, ist der Gegenstand verschwunden oder hat sich in einen anderen Gegenstand verwandelt.

Historisches

Bereits im frühen 19. Jahrhundert taucht dieses verblüffende Kunststück in Zauberkästen auf. Später, Anfang des 20. Jahrhunderts, wird es mit «Das Chinesische Papier» bezeichnet.

Es wird übrigens auch in dem Heft «Secrets of the Street Conjurer» beschrieben (Seite 68).

Das Geheimnis

Der zweite Bogen Papier ist in Wirklichkeit doppelt und beinhaltet ein Duplikat des ersten Bogens, der im Innern einen beliebigen Gegenstand aufbewahren kann.

Die Utensilien

Benötigt werden insgesamt fünf quadratische Bögen Papier.

Der erste hat z. B. die Maße 21 × 21 cm, der zweite und dritte 18 × 18 cm, der vierte und fünfte 15 × 15 cm.

Für die nachfolgende Vorführart benötigen Sie zusätzlich einen Schrankschlüssel.

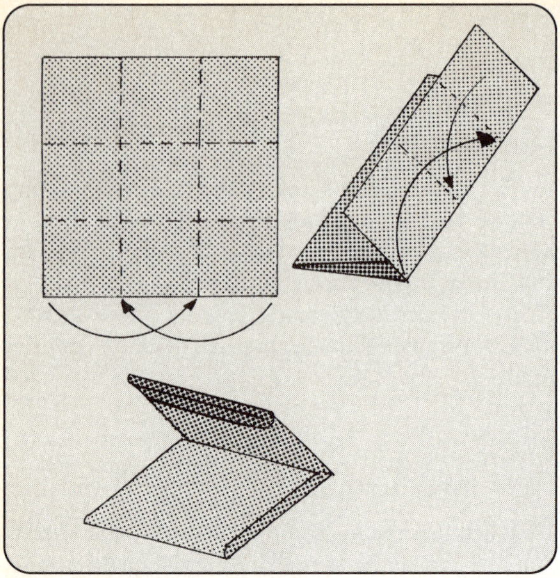

Das Zusammenlegen des Papierpäckchens

Die Vorbereitung

Nehmen Sie einen der kleinen Bögen und falten Sie ihn dreimal, so wie auf der Abbildung zu sehen ist. Danach wird er abermals dreimal gefaltet. Es ergibt sich ein kleines Päckchen.
Den zweiten kleinen Bogen falten Sie ebenso und geben dorthinein den Schrankschlüssel.
Die beiden mittleren Bögen werden auch in der beschriebenen Weise zusammengelegt, und dann kleben Sie beide Päckchen mit den Rükken zusammen. In jedes Päckchen geben Sie eines der kleinen.
Dieses gesamte Päckchen wird ebenso in den großen Bogen gewikkelt.

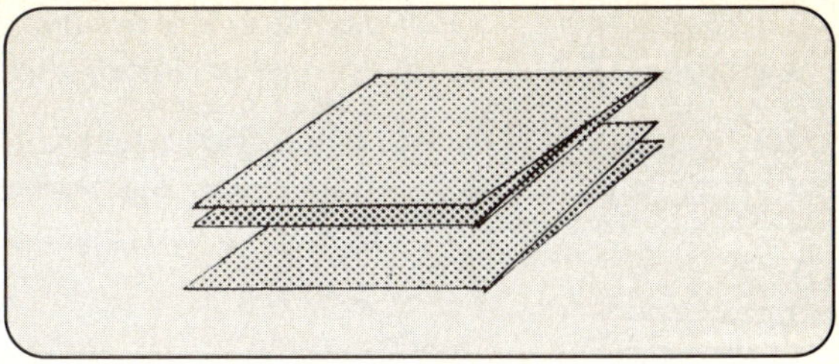

Die beiden Päckchen werden Rücken an Rücken aufeinandergeklebt

So wird der Trick vorgeführt

Ich zeige Ihnen eine Methode, wie man Schlüssel aufbewahren kann. Wer stellt mir bitte einen Schlüssel zur Verfügung?

Zeigen Sie das Päckchen vor und bitten um einen flachen Schlüssel.

Sie müssen den Schlüssel nur gut verstauen. Ich habe dafür ein Päckchen Papier, in das ich Schlüssel einpacke.

Öffnen Sie das Päckchen und zeigen das zweite.

Damit der Schlüssel wirklich gut gesichert ist, habe ich sogar ein zweites Päckchen, und ob Sie es glauben oder nicht, ich habe sogar noch ein drittes Päckchen.

Und hier hinein kommt der Schlüssel.

Nun packen Sie wieder alles gut zusammen.

Mein Herr, Sie passen jetzt gut auf den Schlüssel auf. Strecken Sie Ihre linke Hand aus, darauf kommt das Paket, nun Ihre rechte Hand darauf, und alles ist gesichert.

Genauso geben Sie das Päckchen dem Zuschauer.

Lassen Sie jetzt niemanden mehr an das Paket. Einverstanden? Keinen Menschen. Auch mich nicht. Gut festhalten.

Kleine Pause.

Haben Sie etwas gemerkt. Nein? Sie merken nicht viel.

Geben Sie mir bitte jetzt das Päckchen wieder. Wir wollen doch gleich mal nachsehen, ob der Schlüssel noch vorhanden ist.

Wenn Sie jetzt das Päckchen auseinanderpacken, müssen Sie lediglich das mittlere Päckchen umdrehen und das vorbereitete dritte und kleinste herausnehmen. Öffnen Sie es und zeigen den Schrankschlüssel.

Mein Herr, das war nun Ihr Schlüsselerlebnis von heute.

Darf ich fragen, was Sie mit meinem Schlüssel gemacht haben? Vielleicht haben Sie ihn der Dame hier gegeben.

Während Sie sich zu einer Dame wenden, packen Sie den Schlüssel in bekannter Weise ein und geben dann das Päckchen ihr zum Halten.

Kennen Sie den Herrn, meine Dame?

Welche Antwort Sie nun auch bekommen, nehmen Sie das Päckchen wieder an sich und bringen den entliehenen Schlüssel wieder zum Vorschein.

Nachgedanken

Für dieses Kunststück eignet sich am besten farbiges Papier. Mit ihm fällt das doppelte Päckchen so gut wie nicht auf. Sie können auch ebensogut Geldscheine miteinander vertauschen, z. B. läßt sich eine ausländische Note in eine deutsche verwandeln.

Ein Geldstück verschwindet

Wie die Zuschauer den Trick sehen

Auf einer farbigen Unterlage liegen zwei große Gardinenringe. Daneben liegt eine Steichholzschachtel. Eine Münze wird neben einen der Ringe gelegt. Dieser wird mit der Schachtel bedeckt, und darauf kommt der zweite Ring. Der gesamte Aufbau wird anschließend auf die Münze gesetzt.

Nach einigen Sekunden nimmt der Vorführer den oberen Ring von der Schachtel und anschließend auch die Schachtel vom unteren Ring, und es zeigt sich, daß die Münze verschwunden ist.

Der Schachtel-und-Ringe-Aufbau wird danach wieder zusammengestellt und zusammen hochgenommen, worauf sich zeigt, daß die Münze wieder erschienen ist.

Historisches

Effekt und Prinzip dieses Kunststücks wurden bereits in Zauberkatalogen der Jahrhundertwende angeboten.

Das Verschwinden der Münze wurde auch mit einem Glas vorgeführt.[26]

Das Geheimnis

Entscheidend für den Effekt ist die Unterlage, auf der das Kunststück gezeigt wird. Ein Ring ist mit demselben Material beklebt. Wenn der Ring auf der Unterlage liegt, sieht man jedoch keinen Unterschied zu dem Ring, der nicht beklebt ist.

Die Utensilien

Besorgen Sie sich zwei große Gardinenringe von etwa 4 cm Durchmesser. Auf einen kleben Sie ein Stück von dem Papier, das Sie als

Spielunterlage benutzen wollen. Ferner benötigen Sie die bereits oben erwähnte Streichholzschachtel.

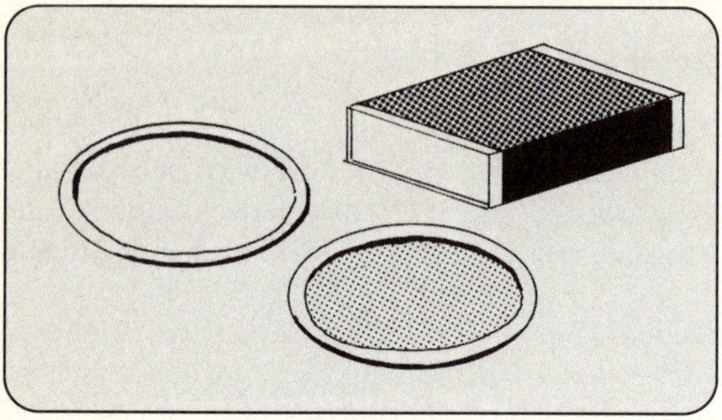

Unter einen der Ringe wird ein Stück Papier geklebt, das genauso aussehen muß wie die Unterlage, auf der das Kunststück vorgeführt wird

Die Vorbereitung

Legen Sie die beiden Ringe und die Schachtel auf die Unterlage.

So wird der Trick vorgeführt

Leihen Sie sich eine Münze aus und legen Sie sie auf die Unterlage. Nun bauen Sie den Aufbau so zusammen wie oben beschrieben: Auf den beklebten Ring kommt die Schachtel und darauf der zweite Ring. Alles zusammen setzen Sie dann über die Münze. Sprechen Sie einen Zauberspruch und nehmen den obersten Ring und danach die Schachtel ab. Es liegt keine Münze im unteren Ring.

Setzen Sie den Aufbau zusammen und heben ihn komplett hoch und neben die nun wieder erschienene Münze, die Sie danach dem Zuschauer zurückgeben.

Nachgedanken

Dies ist ein sehr verblüffendes Kunststück, das sich bestens für einen kleinen Kreis von Zuschauern eignet, z. B. wenn Sie mit Ihrer Darbietung beginnen wollen, aber noch nicht viele Menschen zusammengekommen sind.

Um die besondere Unterlage zu motivieren, können Sie die Requisiten in einem Briefumschlag aufbewahren, auf dem anschließend der Trick vorgeführt wird. Der präparierte Ring ist mit dem Papier eines zweiten Umschlages beklebt.

Wie bereits oben erwähnt, können Sie anstelle der Ringe auch ein Wasserglas nehmen, dessen Öffnung mit dem Papier beklebt ist. Zusätzlich benötigen Sie dann noch ein Taschentuch, mit dem Sie das Glas abdecken, wenn Sie es über die Münze setzen.

Führen Sie das Kunststück ziemlich flott vor und lassen Sie den Zuschauern keine Zeit zum Nachdenken, wenn die Münze verschwunden ist. Sofort lassen Sie sie dann wieder erscheinen und stekken alle Gegenstände ein.

Eine andere Art, Geld verschwinden und erscheinen zu lassen, wird mit einem runden Holz und einer Hülse vorgeführt. Man nannte es damals in den Zauberkästen sehr treffend und sinnig:

Die Verschwindungsmaschine

Wie die Zuschauer den Trick sehen

Ein hölzerner Zylinder wird senkrecht auf den Tisch gestellt. Er ist mit einem gemusterten Papier bezogen. Darauf wird eine entliehene Münze gelegt. Beides wird mit einer Hülse, die exakt über den Zylinder paßt, bedeckt. Nimmt man danach die Hülse ab, ist die Münze vom Zylinder verschwunden. Nach nochmaligem Bedecken und Abnehmen der Hülse erscheint die Münze wieder.

Historisches

Mir ist dieses Kunststück zum erstenmal in einem Zauberkasten aus dem Jahre 1840 begegnet. Leicht abgewandelt erschien dieses Kunststück auch in frühen Zauberkatalogen und hatte hier Namen wie z. B. «Moderne Geldfabrikation», denn man kann natürlich anstelle des Erscheinens und Verschwindens lediglich Geld erscheinen lassen.

Das Geheimnis

Es wird eine zusätzliche Hülle gebraucht, die in der Form und der Farbgebung genau über den Zylinder paßt und über die auch noch die Hülse gegeben werden kann.

Die Utensilien

Die Abbildungen zeigen die benötigten Requisiten. Gehen Sie von einem Zylinder mit einem Durchmesser von ungefähr 2–3 cm und einer Höhe von etwa 9 cm aus.

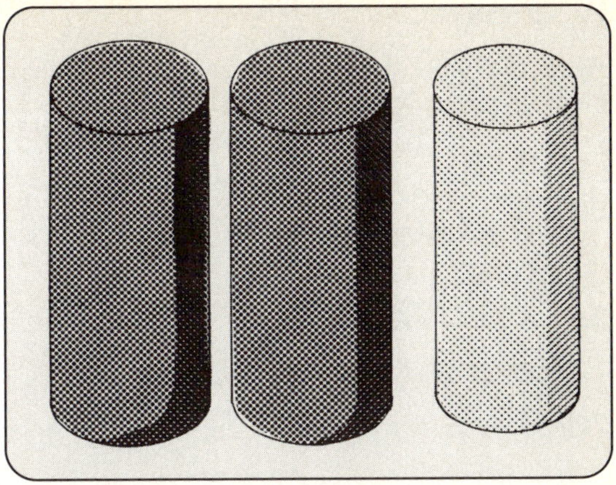

Die Verschwindungsmaschine: Links die Hülle und Hülse, rechts daneben der massive Zylinder

Die Vorbereitung

Wenn Sie ein Geldstück verschwinden und wieder erscheinen lassen wollen, stellen Sie die Hülse über die Hülle und beides neben den Zylinder.

So wird der Trick vorgeführt

Borgen Sie sich ein Geldstück aus, lassen Sie es durch ein paar Kratzer kennzeichnen und auf den Zylinder legen. Ergreifen Sie die Hülse und drücken Sie sie etwas zusammen, so daß die darunter befindliche Hülle mit festgehalten wird. Beides geben Sie über den Zylinder. Nach wenigen Sekunden nehmen Sie die Hülse ab, lassen aber die Hülle auf dem Zylinder. Für die Zuschauer ist das Geld verschwunden. Lassen Sie das Geld danach wieder erscheinen, indem Sie mit der Hülse die Hülle durch leichtes Zusammendrücken vom Zylinder mit abnehmen.

Nachgedanken

Wenn Sie Geld erscheinen lassen wollen, nehmen Sie am besten ein kleines rundes Papier in der Größe z. B. eines Markstückes. 1 DM geben Sie auf die Hülle und darüber die Hülse.
Folgende kleine Geschichte können Sie dazu erzählen.

Geldstücke werden ja bekannterweise geprägt. Hier ist mein Prägestempel.

Zeigen Sie den Zylinder.

Eine Vorlage wird natürlich auch benötigt.

Zeigen Sie die Papierscheibe und legen Sie sie auf den Zylinder.

Nun noch der Gegendruck-Zylinder darauf, und schon ist eine echte D-Mark entstanden.

Geben Sie die Hülse mit der darin befindlichen Hülle und der Mark dazwischen auf den Zylinder und lassen dann die Münze erscheinen.

Das Thema dieses Kunststückes ist bis heute aktuell geblieben und vor ein paar Jahren in einer zeitgemäßen neuen Form auf den Markt gekommen.

Der Zauberautomat

Er liegt manchen zeitgenössischen Zauberkästen bei und sieht so aus, wie die Abbildung zeigt.

Fairerweise muß ich jedoch anfügen, daß zur Zeit nur zwei Zauberkästen dieses formschöne Requisit führen dürfen. In allen anderen Zauberkästen liegen Raubkopien, die zum Teil obendrein nicht einwandfrei funktionieren.

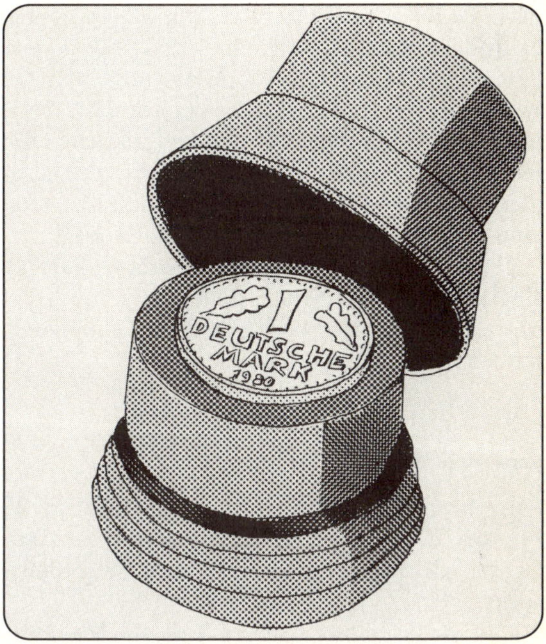

Werrys Zauberautomat

Wie die Zuschauer den Trick sehen

Auf ein Podest wird ein Groschen gelegt. Darüber kommt ein Deckel, den ein Zuschauer selbst abheben darf. Der Groschen hat sich in eine Mark verwandelt.

Historisches

Werry brachte dieses Kunststück 1971 zum erstenmal auf den Markt. Es ist in Form und Ausführung in jeder Beziehung sein Original.

Das Geheimnis

Das Prinzip ist dem der «uralten» Version zwar sehr ähnlich, dennoch weist es einen entscheidenden Unterschied auf: Der Zuschauer kann nach der vollzogenen Verwandlung alles aufs genaueste untersuchen, denn die verborgene «Hülle» ist so präzise gearbeitet, daß sie sich dem Deckel exakt anpaßt und nur mit einem bestimmten Druck an bestimmter Stelle vom Deckel zu lösen ist. Obendrein hat Werry einen Zusatztrick eingebaut, der den Zuschauer auf eine falsche Fährte lenkt. Wenn er den Podest untersucht, klappert es verdächtig darin. Der Vorführer ermutigt ihn, den Podest zu öffnen, und heraus fällt eine Scheibe mit dem Aufdruck: DENKSTE.

Dieser Zauberautomat soll der letzte hier aufgeführte Trick aus Zauberkästen sein. Sein Erfinder, der Dürener Werner Geissler-Werry, ist heute einer der bedeutendsten Zaubergerätefabrikanten, die es auf der Welt gibt.

Zaubergerätefabrik Geissler-Werry

Kurz nach dem Zweiten Weltkrieg begann Werry, wie ihn seine Freunde in aller Welt nennen, in Düren ein Unternehmen aufzubauen, das inzwischen längst eine Fabrik geworden ist, die ihresgleichen sucht.

Lassen die meisten seiner Kollegen Zaubertricks in Heimarbeit herstellen oder basteln die Geräte zum Teil selbst, so hat sich Werry ganz und gar auf die automatische Serienherstellung der Zauberapparate spezialisiert und kann so auch Großaufträge der Industrie wahrnehmen, die z. B. Zaubertricks als Werbegeschenke bestellen.

Zum großen Teil verwirklicht Werry seine eigenen Ideen und hat Tricks erfunden, die von einer Kreativität zeugen, wie sie seit dem Engländer Will Goldston[27] nicht mehr zu finden war.

Als erster Händler in Deutschland nach dem Krieg folgte er einer beliebten Tradition bekannter Zaubergerätehändler des frühen 20.

Jahrhunderts, die ihren Kunden Experimentalbühnen anboten, auf denen sie Zaubertricks ausprobieren konnten, und eröffnete am 9. März 1974 das «Magic Center Studio», das rund 100 Personen Platz bietet. Es verfügt über eine Bühne und ist mit einer Videoanlage ausgestattet.

Seit 1952 gibt Werry die vereinsunabhängige Fachzeitschrift «Magische Welt» heraus, die mit ihren bisher 42 erschienenen Jahrgängen zu den ältesten noch existierenden vereinsunabhängigen Zauberfachzeitschriften der Welt zählt.

W. Geissler-Werry (rechts) zusammen mit dem Zauberkünstler Punx[28]

8. Abteilung: Tips und Ratschläge für Auftritte im Freien

Die Zauberkunst lebt zu einem Teil von den Effekten, deren technische Bewerkstelligung relativ schnell erlernt werden kann.

Zum anderen brauchen die Effekte einen Hintergrund, der ebenso wichtig ist. Für jeden Trick ist die Umgebung entscheidend: Wo kann ich welchen Trick wie vorführen?

So wie der Aufbau der Kunststücke inszeniert werden muß, so sollte man auch die Vorführung optimal planen. Die Vorbereitung beginnt mit dem Vorführstil: Zaubere ich pantomimisch oder mit Texten? Wie kleide ich mich? Dann kommen die entscheidenden Fragen: Wo kann ich die Kunststücke präsentieren? Wie gehe ich mit dem Publikum um?

Die Darbietung

Beim Vorführen von Kunststücken stehen im großen und ganzen zwei Darbietungsformen zur Auswahl:

Die vom Wort begleitete und die mit Musik untermalte, stumme Vorführung.

Da sich dieses Buch mit der Tradition der Taschenspieler beschäftigt, geht es natürlich hier ausschließlich um den «Sprech-Zauberkünstler».

Etwas Grundsätzliches sei vorab zu den «freiwilligen» Auftritten auf Straßen gesagt. Gemeint sind damit die Auftritte, die ohne Engagement, ohne Vertrag stattfinden.

Sie können von niemandem erwarten, daß er Sie bewundert. Sie überraschen Ihr Publikum mit Ihrer Tätigkeit, für die Sie ja nicht gerufen wurden. Sie haben zwar das Plus der Neugier, aus der heraus der eine und andere stehen bleibt, aber dann muß Leistung erfolgen, mit der Sie das Publikum halten.

Der sprechende Taschenspieler

In vielen Zauberbüchern kann man lesen, daß man sich stets vor dem Auftritt genau überlegen soll, was man zu den Kunststücken erzählen will. Der Vortrag sollte fix und fertig vorliegen. Ich halte nicht sehr viel von dieser Theorie, einen ausgearbeiteten Vortrag bereitzulegen. Ich glaube, es ist erst einmal wichtig, daß die Tricktechnik «im Schlaf» beherrscht wird. Wenn man sich darauf nicht mehr konzentrieren muß, kann man das Kunststück bereits vorführen.

Einige Stichpunkte, die dazu erzählt werden, sollte man sich allerdings schon vorher notiert haben. Dann sollte man den Trick so oft wie möglich vorführen, und schon sehr bald wird sich ein Vortrag entwickeln. Diesen «gewachsenen» Vortrag kann man später «bearbeiten».

Auch halte ich absolut nichts von Vorträgen, in denen ein grünes Tuch mit z. B. «Frau Grün» und ein rotes Tuch mit «Herr Rot» bezeichnet werden.

Beschränken Sie sich auf das Notwendige, das Sie mit (vielleicht) humorvollen Worten begleiten können. Nur sagen Sie nicht: «Hier habe ich ein Seil» oder «Ich habe in meiner Hand ein grünes Tuch».

Ihr Publikum ist nicht dumm. Es sieht, was Sie in der Hand halten.

Das Kostüm

Es gibt Zauberkollegen, die die Meinung vertreten, sie bräuchten keine spezielle Auftrittskleidung, und in ihrem normalen Straßenanzug auftreten. Ihre Begründung dafür lautet entweder, sie zeigen so erstaunliche Tricks, die auch ohne «Bühnen»kleidung wirken, oder sie sagen «Ich bin ja ein ganz normaler Mensch», der allerdings ein paar besondere Fähigkeiten besitzt.

Diese Einstellung kann ich nicht teilen und ich bin der Auffassung, daß man mit einem Kostüm dem Publikum einen Respekt erweist. Man ist als Zauberkünstler, Taschenspieler in dem Moment des Auftritts nicht ein Mensch wie jeder andere. Man genießt eine besondere Beachtung, die man mit einer besonderen Kleidung unterstreichen sollte.

Wer sich «verkleiden» möchte, dem will ich hier ein paar Anregungen geben, die aus meiner Erfahrung stammen.

Vorschlag A

Jeans mit Frackoberteil und Zylinderhut
In dieser Aufmachung bin ich viele Jahre hindurch aufgetreten und verwende sie auch heute noch manchmal. Sie stellt einen Kompromiß zwischen der heutigen (Jeans-)Zeit und der altmodischen (Frack-) Zeit dar.

Mein erstes Frackoberteil kaufte ich mir für etwa 50 Mark bei einem Kostümverleiher. Chapeau claques (Klappzylinderhüte) gab es damals häufig auf Flohmärkten. Heute wird man wahrscheinlich danach suchen müssen, oder man kauft einen neuen. Mit diesem Aufzug hat man den kleinen Vorteil, daß man normal in Jeanshosen zum Auftritt fahren kann. Erst dort zieht man dann das Frackoberteil an und setzt den Hut auf.

Vorschlag B

Hose mit altertümlichem Frack und Zylinder
Dieser Vorschlag ist A sehr ähnlich. Nur ist das Oberteil kein gewöhnlicher Frack. Ich fand ihn bei der Versteigerung des Theaterfundus in Recklinghausen. Von Zeit zu Zeit versteigern die Schauspielhäuser ausrangierte Kleidungsstücke. Mein «Frack» hat einen breiten Kragen und große Aufschläge an den Ärmeln. Er ist kein originalgetreues

Abbild eines mittelalterlichen Kleidungsstückes, strahlt aber die Atmosphäre aus, die für einen Taschenspieler nötig ist.

Vorschlag C

Der Jeansfrack
Diese Idee, eine kompletten Frack aus Jeansmaterial im Stil von Jeans schneidern zu lassen, hatte ich schon Anfang der 70er Jahre. Ich kam in einem Gespräche mit meinem Freund Roy Gardner darauf, als wir uns über mein erstes Kostüm (Vorschlag A) unterhielten. Aber erst nach ein paar Jahren konnte ich diese Idee in die Tat umsetzen.

Die Gaukeltasche

Die Tasche, die ich von Anfang an und auch noch heute benutze, stammt aus der Türkei. Sie ähnelt einem zusammengenähten Teppichstück, das als Trageleine ein rotgefärbtes Seil besitzt. Ähnliche Taschen findet man heute auch in Asien-Geschäften.

Man kann sich auch eine Umhängetasche aus Leder besorgen oder speziell anfertigen lassen.

Die Gaukeltasche aus der Türkei

Der Gaukeltisch, zerlegt und zusammengesetzt

Der Gaukeltisch

Mit einem Tisch aufzutreten ist zwar ganz im Stile der alten Taschenspieler, bringt jedoch auch zusätzliche Gefahren und Probleme mit sich.

Sollten Sie schnell den Standort verlassen müssen, kann der Tisch hinderlich sein.

Werden Sie von einer oder mehreren Personen gestört, können Ihre Aufbauten auf dem Tisch darunter leiden.

Mir war bei «freiwilligen» Auftritten auf Straßen ein Tisch immer lästig. Nur bei fest engagierten Auftritten nehme ich den Tisch mit, der sich mit wenigen Handgriffen auf- und abbauen läßt. Die Beine sind zusammenlegbar, und die Tischplatte wird darauf mit zwei Schrauben festgehalten.

Die Abbildungen zeigen den Tisch zusammengelegt und aufgebaut.

Die Oberfläche ist mit grünem Filzstoff bespannt.

Der Gaukeltisch im Einsatz bei einem Fernsehfilm über die Zauberkunst.

Auftrittsort und -zeit

In der Bundesrepublik gibt es im allgemeinen zwei Arten von guten Auftrittsorten:

Parks

Durch Amerika angeregt, wird zwar bei uns auch häufig von Auftrittsmöglichkeiten in Parks gesprochen, ich glaube jedoch, daß der Bereich Park in der Bundesrepublik für Taschenspielerauftritte nicht relevant ist. In Amerika hat der Park eine völlig andere Bedeutung als hierzulande.

Ein Besucherstrom in den Parks ist in Deutschland hauptsächlich an Sonn- und Feiertagen zu verzeichnen, im Gegensatz zu Amerika, wo während der gesamten Woche in den Parks ein reger Verkehr ist. So werden Auftritte in deutschen Parks sehr wahrscheinlich auf schöne Wochenenden und Sonderveranstaltungen beschränkt bleiben.

Bleiben wir bei den beiden oben erwähnten Bereichen und betrachten hier zunächst die Einkaufsstraße, bei der zwischen Fußgängerzone und Verkehrsstraße unterschieden werden muß.

Die Verkehrsstraße

Sie ist hektisch, laut und oft mit engen Bürgersteigen ausgestattet. Sie erfordert kurze und sehr effektvolle Auftritte. Viel Zeit zum Ausschmücken eines Zaubertricks bleibt nicht. Das Publikum muß direkt auf den (Zauber-)Punkt hingeführt werden.

Die Fußgängerzone

Ganz anders dagegen sieht es natürlich in den Fußgängerzonen aus. Hier kann man mehr Zeit für sich und das Publikum einplanen. Diese Straßen sind schließlich auch zum Bummeln gedacht. Viele Städte haben sie sogar mit Sitzmöglichkeiten ausgestattet. Die Personen darauf kann man bereits als Publikum betrachten und unterhalten.

Die Zeit

Für beide Straßenarten sind die Zeiten, zu denen man auftreten möchte, entscheidend. Im allgemeinen kann hier von zwei Zeitblökken ausgegangen werden: tagsüber, während des normalen Geschäftsbetriebes, und abends, nach Geschäftsschluß.

Für die Verkehrsstraße kommen kaum die Abendstunden in Frage, da hier nach Geschäftsschluß so gut wie kein Publikumsverkehr mehr stattfindet. Die Fußgängerzonen sind jedoch auch oft in den Abendstunden belebt, besonders in den sogenannten Altstadtgebieten mancher Großstädte.

Jeder Zeitblock hat allerdings auch «tote» Punkte, z. B. morgens zwischen neun und zehn Uhr. Hier beginnt das Treiben erst allmählich. Die Mittagszeit von etwa dreizehn bis fünfzehn Uhr ist ebenfalls ruhig. Bis etwa siebzehn Uhr ergibt sich dann eine gute Auftrittszeit. Zum Geschäftsschluß wird es zu hektisch, als daß man hier noch Zeit und Muße findet, Darbietungen zuzuschauen.

In den Fußgängerzonen liegt der tote Punkt am frühen Abend, wenn sich das Einkaufspublikum mit dem Bummelpublikum abwechselt. Hier zwischen liegen erfahrungsgemäß ein bis zwei Stunden, ehe man wieder mit Vorstellungen beginnen kann.

Kommen wir nun zum Standort auf den Straßen.

Der Standort

Auch hier lassen sich zwei Möglichkeiten finden. Mitten auf dem Bürgersteig, wenn er breit genug ist, bzw. mitten in der Fußgängerzone. Mit anderen Worten, man spielt dann völlig umringt, vorausgesetzt, die Darbietung läßt dies zu. Auf diese Weise hat man eine gute Chance, viele Zuschauer anzusprechen. Daß diese Auftrittsart allerdings auch Gefahren birgt, ist in dem Kapitel Probleme (Seite 150) nachzulesen.

Die andere Möglichkeit, die ich immer vorgezogen habe, liegt in einem Auftrittsplatz, bei dem man Rückendeckung hat.

Hier habe ich als erstes auf meine unmittelbare Umgebung geachtet. Ich wollte stets in einem schönen Umfeld stehen. Das kann ein reich verzierter Altbau sein, ein Arkadengang oder ein mit Ornamenten versehener Eisenzaun. Wenn ich fotografiert werde, sollten die

Zuschauer ein in sich stimmiges Foto erhalten, das zum Stil meiner Darbietung paßt (Foto von Brüssel S. 14). Die Zuschauer sollen sich während der Vorführung wohl fühlen und möglichst nicht abgelenkt werden. Von daher scheiden zunächst Plätze z. B. unmittelbar neben Imbißbuden oder Kneipen aus. Was jedoch nicht bedeutet, daß auf diesen Stellen nicht gezaubert werden kann. Nur ist dieses Ambiente nicht immer nach meinem persönlichen Geschmack.

Die Rückenfreiheit bei solchen Plätzen ist nicht unwichtig. Es geht dabei weniger um die Gefahr, daß man von hinten die Tricks durchschauen könnte, als um das Spiel mit dem Publikum, auf das man sich besser konzentrieren kann, wenn alle Zuschauer so gut wie mit einem Blick erfaßt werden können; eventuelle Störungen lassen sich jedenfalls besser kontrollieren.

Der Jahrmarkt

Unter Jahrmarkt verstehe ich all die Gegebenheiten, die bei offiziellen Festen anzutreffen sind. So fallen hier sowohl die in letzter Zeit populär gewordenen Stadtfeste darunter als auch Kirmesveranstaltungen. Beide Arten sind im Prinzip ähnlich und müssen sich den gleichen Problemen stellen: Lärm und immens viel Publikum.

Der gesamte Veranstaltungsplatz ist oft voller Menschen, und man muß mit sehr viel Publikum bei den Vorstellungen rechnen. Es ist ratsam, die eigene Standfläche zu erhöhen, damit die Zuschauer in unmittelbarer Nähe erreicht werden. Eine Verstärkeranlage ist zusätzlich sehr nützlich.

Den Auftritten bei Jahrmarktsveranstaltungen liegt meistens ein Vertrag zugrunde, der zuvor abgeschlossen worden ist. Wenn man mit dem Veranstalter nett redet, kann man häufig auch kurzfristig eine Erlaubnis erhalten. Es ist ratsam, hier nicht auf eigenes Risiko zu spielen. Auf Jahrmärkten aufzutreten bringt fast immer den Vorteil mit sich, ein Publikum anzutreffen, das Auftritten gegenüber – welcher Art auch immer – von vornherein aufgeschlossen ist.

Die Bühne

Nachdem Sie nun den geeigneten Auftrittsort und den passenden Standort gefunden haben, gilt es die Aktionsfläche zu markieren.

In meinem ersten Jahr auf der Straße habe ich mich um meine «Bühne» nicht gekümmert. Der Abstand von mir zum Publikum ergab sich. Mal standen die Zuschauer ganz dicht um mich herum, mal standen sie mit Abstand.

Doch nach einer gewissen Zeit erwies es sich als störend, keine unmittelbaren einheitlichen Auftrittsverhältnisse anzutreffen.

Die Kreidebühne

Eines Tages machte mich der Zauberfreund Hannes Höller darauf aufmerksam, daß ich einen Kreidestrich um mich herum ziehen kann.

Eine fabelhafte Idee, die ich seitdem stets verwende, und ich erkannte bald die Vorteile einer solchen «Bühne».

Hatte ich also meinen Standort gefunden, zog ich mit Tafelkreide einen großen Halbkreis um mich herum. Damals, als ich damit begann, 1974, war es für die Passanten noch recht ungewohnt, jemanden auf der Straße zu sehen, der einen Kreidestrich zieht. Etliche Personen dachten, ich beginne zu malen.

Wie dem auch sei, diese kleine Kreideaktion erregte bereits ein gewisses Aufsehen, und ein paar Neugierige blieben stehen. So hatte ich die ersten Zuschauer.

Obwohl ich in meinen Vorführungen den Kreidestrich immer auf lustige Weise mit «Loge» bezeichnete, habe ich jedoch dieses Wort nie an den Strich geschrieben, wie mir dies manchmal zugedichtet wird.

Der Vorteil einer derartigen Bühne ist mannigfaltig.

Der Strich an sich stellt eine Grenze dar, die sofort von den Passanten respektiert wird.

Sie erreichen mit ihm ferner, daß sich die Passanten eng zusammenstellen. Für die Atmosphäre der Vorstellung ist dies immens wichtig. Es läßt sich mit einem dicht stehenden Publikum eine bessere Stimmung erreichen, als wenn die Zuschauer einzeln und isoliert von anderen Personen um die Fläche herumstehen.

In einer eng beieinanderstehenden Menge identifizieren sich

schnell die einzelnen Personen in ihren Reaktionen miteinander. Das Lachen des einzelnen überträgt sich nicht nur sofort akustisch auf den Nachbarn, sondern auch körperlich und animiert zum Mitmachen. Die einzeln stehende Person wagt selten, spontan aus sich herauszugehen, da sie sich in einer Position befindet, in der sie selbst zum Betrachteten wird und sich daher scheut, in der Öffentlichkeit zu reagieren.

Nicht zuletzt hat eine Traube Menschen einen zusätzlichen Werbecharakter. Schon von weitem sehen Passanten, daß vor ihnen etwas passiert, und werden aus purer Neugier angezogen.

Wenn zusätzlich die Stimmung in dem Kreis gut ist, überträgt sich auch diese auf herankommende Personen.

Die Kreidebühne entsteht

Die Seilbühne

Es gibt Standorte, an denen sich kein Kreidestrich anbringen läßt. Hier habe ich die Seilbühne eingesetzt.

Ein langes, sehr langes Seil wird den vordersten Zuschauern zum Halten gegeben und bildet auf diese Weise eine Art Zaun.

Die Aktion an sich, die während des Seil-Verteilens auftritt, ist höchst kommunikativ und kann schon für die erste Stimmung bei den Zuschauern sorgen.

Probleme

Sie gibt es in ganz unterschiedlicher Art. Sie beginnen, wenn man den offiziellen Weg geht, um auf der Straße zu zaubern. Man muß dazu eine «Sondernutzungserlaubnis» beantragen. Man erhält sie in der Regel auf den Ordnungsämtern der Stadtverwaltungen.

Hier beantragt man die Tage, an denen man auftreten möchte, und zahlt dafür eine entsprechende Gebühr, die zwischen 20 und 50 DM betragen kann. Wenn es an den Tagen regnet, hat man Pech gehabt, und man muß für die nächsten Tage erneut die Anträge stellen.

Für bestimmte Straßen, auf denen man spielen möchte, gibt es oft keine Erlaubnis. Manche Städte haben zwar einige Straßen für Darbietungen bzw. Aktivitäten freigegeben, jedoch liegen diese meist abseits und sind für Auftritte völlig ungeeignet (Düsseldorf).

Es gibt Städte, die die Auftrittszeiten und -längen für die einzelnen Standorte festgelegt haben (München und Wien).

Was kann man unternehmen, wenn man dort auftreten möchte, wo es verboten ist, weil dort das «beste» Publikum verkehrt?

Ein Patentrezept gibt es sicherlich nicht, denn die Personen, die dafür sorgen, daß Gesetze eingehalten werden, reagieren sehr unterschiedlich.

In manchen Städten wird z. B. hin und wieder geduldet, daß man ohne Erlaubnis spielt (Düsseldorf).

Man weiß nur nie im voraus, wann diese Geduld aufhört. Das kann von einem zum anderen Tag sein. Trifft es einen Akteur, der ohne Erlaubnis spielt, wird er im allgemeinen gebeten, einzupacken und aufzuhören.

Wenn man trotzdem weiterspielt, nachdem der Ordnungshüter gegangen ist, und er nach einer Weile wiederkommt, dann kann man ernsthaft verwarnt werden. Es geschieht auch, daß der Ordnungsbeamte zusammen mit der Polizei kommt, ein Bußgeld fordert und alle Utensilien beschlagnahmt.

Ich bin in den unterschiedlichsten Städten aufgetreten und habe mich nie um Sondernutzungserlaubnisscheine gekümmert. Weder in Düsseldorf noch in Wien oder Basel oder Toronto, um nur einige zu nennen.

Ich war immer der Meinung, daß die Straße allen gehört und der Kommunikation dienen soll.

Wie die Kommunikation aussehen muß, damit sie «straffrei» ist, steht nirgends geschrieben.

Allerdings sollte man schon eine gewisse Rücksicht üben, d. h. die Darbietung sollte niemanden stören und z. B. auf Straßen nicht zu Behinderungen führen. Mein Publikum wurde stets angehalten, so weit wie möglich zu mir nach vorne zu kommen, um den Verkehrsfluß dahinter nicht zu blockieren. In engen Fußgängerbereichen bin ich erst gar nicht aufgetreten.

Probleme während des Auftritts

Bei allem, was geschieht, während Sie auftreten, bedenken Sie, daß Sie den kritischen Blicken der Zuschauer ausgesetzt sind. Versuchen Sie stets, der Souveräne zu bleiben. Nicht überheblich, aber höflich und bestimmt.

Allein durch die möglichen Störungen, die durch die unterschiedlichsten Personen herbeigeführt werden können, habe ich es immer bevorzugt, mit dem Rücken gedeckt zu stehen, so daß ich auch bei mehreren störenden Personen, die geschlossen auftreten, das gesamte Geschehen im Auge behalten konnte. Oft war es mir auch möglich, mich schon vorher darauf einzustellen, wenn ich von weitem, hinter dem Publikum, potentielle Störer erkennen konnte.

Denken Sie immer daran, Ihr Publikum und das Treiben um Sie herum auf der Straße zu beobachten.

Was kann im einzelnen geschehen?

Sie werden von einem Betrunkenen gestört

Dies ist schon eine sehr starke Belastung für Sie und Ihr Publikum.

Unterbrechen Sie Ihre Darbietung und warten Sie erst ein paar Sekunden stillschweigend ab. Seien Sie in dieser kurzen Zeit souverän.

Sie können Glück haben und die Zuschauer sind mit Ihnen solidarisch und übernehmen selbst eine Problemlösung.

Löst sich das Problem nicht von allein, dann müssen Sie handeln.

Grundsätzlich gilt: Mit einem Betrunkenen kann man nicht diskutieren. Versuchen Sie es erst einmal mit Humor. Ich bin in solchen Fällen auf die Person zugegangen und habe sie gebeten, sich wieder in die «Loge» zu begeben. Das brachte fast immer beim Publikum einen Lacher ein.

Trotz verminderter Reaktionsfähigkeit begreift der Störende oft durch das lachende Verhalten des Publikums, daß er in diesem Kreis nicht erwünscht ist, und geht von allein weg. Geht er nicht, dann habe ich mich in seinen Arm untergehängt und ihn so aus dem Kreis der Zuschauer geführt und auf ihn eingeredet: «Kommen Sie, Mann, lassen Sie mich mal in Ruhe arbeiten, und nachher trinken wir ein Bier zusammen.» Das hat letzten Endes immer geholfen (Gott sei Dank, denn ich trinke überhaupt kein Bier).

Sie werden von einem Bettler belästigt

Im allgemeinen sind diese Menschen recht friedfertig. Ihnen gefällt halt momentan nicht, daß man Ihnen soviel Aufmerksamkeit schenkt. Sie selbst wollen auch im Mittelpunkt stehen.

Auch hier habe ich mich im Prinzip so verhalten wie oben beschrieben. Nur habe ich ihn nicht in die «Loge» geschickt, denn diese Aufforderung kann schnell zu Aggressionen führen. Ihn habe ich recht schnell am Arm aus dem Kreis geführt und fast dasselbe zu ihm gesagt wie zu dem Betrunkenen, nur noch etwas deutlicher: «Kommen Sie, lassen Sie mich erst noch etwas Geld verdienen, ich bin abgebrannt, dann gehen wir zusammen was trinken.» Das Geldverdienen hat immer geholfen, denn das Geld ist auch für ihn wichtig. Auch habe ich immer bei diesem Satz dem Mann 2 Mark in die Hand gedrückt. Ein fast todsicheres «Bestechen».

Jugendliche in äußerst ausgelassener Stimmung

Wenn man den Jugendlichen für einen Moment zuhört und sie dann freundlich und sehr höflich anspricht und auffordert, etwas mitzuspielen, kann man rasch die Störer in das Publikum integrieren.

Passanten oder Anwohner beschweren sich

In solchen Situationen müssen Sie damit rechnen, daß Sie Ihre Vorstellung für den Moment ganz und gar abbrechen, um mit den Personen ausgiebig zu diskutieren. Entschuldigen Sie sich bei Ihrem Publikum für kurze Zeit und widmen Sie sich den anderen. Wenn sich Anwohner beschweren, dies können auch benachbarte Kneipen-, Disco- oder Restaurantbesitzer sein, oder – was nicht selten ist – deren Kellner, denen Sie einfach nicht gefallen, sollten Sie sich nicht auf einen «Kampf» einlassen. Sie sind hier in der schwächeren Position. Die Anlieger können nämlich sofort die Polizei holen.

Zum Schluß soll noch auf einen Störertyp eingegangen sein, dem man als Taschenspieler überall begegnet, nicht nur auf der Straße.

Der Besser- und Alleswisser

Er weiß grundsätzlich immer, wie jeder Trick funktioniert, und weiß auch stets, was als nächstes geschehen wird. Diesem Mitmenschen kann man nicht nur mit Höflichkeit begegnen, denn er ruiniert gezielt Ihre Darbietung. Man kann unterschiedlich reagieren, und es hängt natürlich auch von Ihrer Person ab, wie Sie sich darauf einlassen. Ich habe zunächst einmal mit einem humorigen Satz versucht, den Störenfried ruhig zu bekommen. «Das wissen Sie und ich, aber das brauchen wir doch nicht jetzt schon dem Publikum zu sagen.»

Helfen keine freundlichen Worte, dann kann man massiver werden und den Störer darauf aufmerksam machen, daß er allen den Spaß verdirbt.

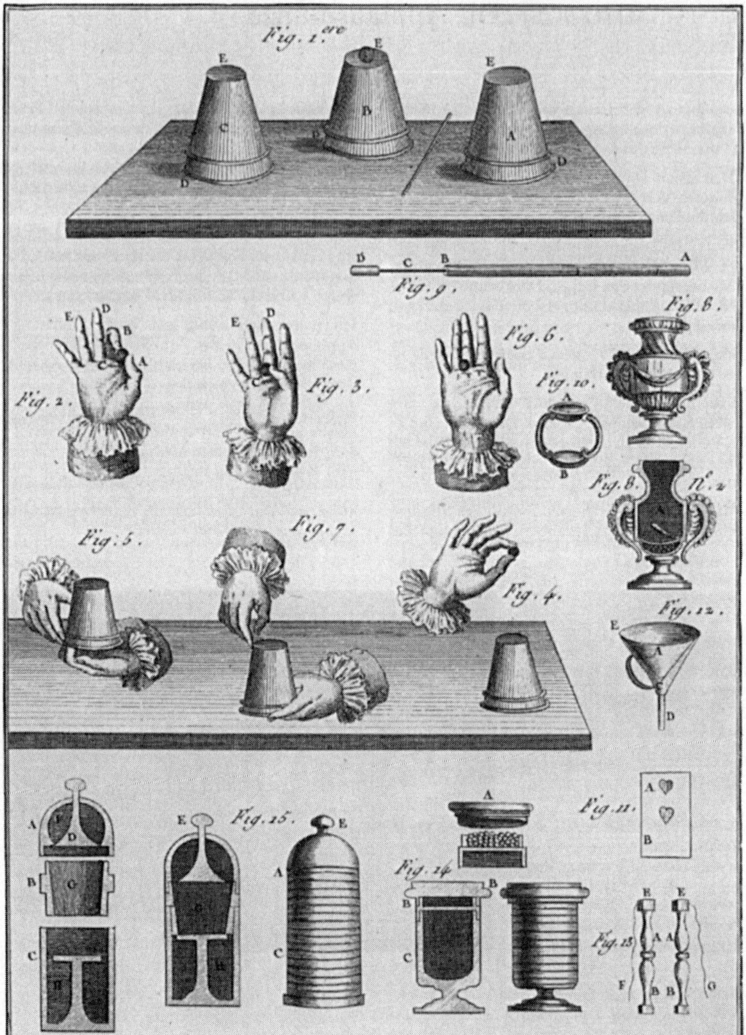
Fig. 1.ere
Fig. 2.
Fig. 3.
Fig. 4.
Fig. 5.
Fig. 6.
Fig. 7.
Fig. 8.
Fig. 8. N.o 2
Fig. 9.
Fig. 10.
Fig. 11.
Fig. 12.
Fig. 13.
Fig. 14.
Fig. 15.

9. Abteilung: Gedanken zum professionellen Zaubern

Wer heute von der Zauberkunst leben will, muß mehr können als nur Kunststücke beherrschen.

Kaum ein Laie weiß um und erkennt die Arbeit, die hinter einer erfolgreichen Darbietung steckt.

Der Zauberkünstler von heute ist ein Geschäftsmann, der seine Darbietung wie eine Ware betrachtet, die verkauft werden muß.

Die Zeit, die am Schreibtisch verbracht wird, um die Darbietung Veranstaltern anzubieten, nimmt nicht selten mehr Raum in Anspruch als das eigentliche Vorführen.

Zaubern ist ein beliebtes Hobby, und es gibt viele Amateure, die glauben, wenn sie einige Effekte kennen, dann können sie auch vor einem Publikum auftreten. Aber auch dieses Auftreten vor Zuschauern will genauso gelernt sein wie beispielsweise das Auftreten als Gesprächspartner bei Vertragsverhandlungen.

Vom Amateur- zum Berufszauberkünstler

Wie schon zu Anfang angesprochen, sind die Auftrittsmöglichkeiten für Zauberkünstler im Gegensatz zu früher (50er und 60er Jahre) eingeschränkt.

Ausschließlich von der Straßenzauberei zu leben, halte ich persönlich für unmöglich. Abgesehen von der Tatsache, daß Sie immer vom Wetter abhängig sind, durch Regen im Sommer und Schnee und Kälte im Winter, kommen die physischen und psychischen Belastungen hinzu.

Das Zaubern auf der Straße macht Spaß, solange Sie es einigermaßen freiwillig ausüben, sei es völlig freiwillig, also nach Ihrer Lust und Laune, oder als fest engagierte Darbietung bei Stadt- und Straßenfesten.

Aber wenn Sie auf der Straße zaubern müssen, dann wird es kritisch. Sie stehen unter dem Leistungszwang, eine bestimmte Menge Geld einzunehmen.

Diesen Druck kann man meiner Erfahrung nach nicht lange aushalten. Sie werden froh sein, bei Veranstaltungen mit einem Dach über dem Kopf teilnehmen zu dürfen.

Varietés boten Zauberkünstlern früher eine fast sichere und regelmäßige Einnahmequelle. In der Bundesrepublik gibt es zur Zeit nur noch zwei Varietés, das Hansa-Theater in Hamburg und das Killesberg-Theater in Stuttgart.

Heute gibt es diese Varicté-Auftritts- und Einnahmemöglichkeit vielleicht noch für den international arbeitenden Zauberkünstler, der seine Darbietung entweder in mehreren Sprachen präsentiert oder stumm zur Musikuntermalung zaubert.

Wer jedoch in erster Linie von der Sprache abhängig ist und nur Deutsch kann, der hat es nicht leicht, von der Zauberkunst zu leben.

Grundsätzlich veranstalten fast alle Firmen irgendwann einmal im Jahr ihr Betriebsfest und bieten damit dem Künstler eine Verdienstmöglichkeit. Nur, und das muß sich der Leser sehr deutlich vor Augen halten, es gibt in der Bundesrepublik Tausende von Künstlern, die auf Festen mitwirken wollen: Sänger, Jongleure, Clowns, Akrobaten, Parodisten, Bauchredner u. a. m. Der Zauberkünstler vertritt nur einen Programmpunkt in solchen Galas. Und Zauberkünstler wiederum gibt es wie Sand am Meer. Sie nehmen bei Agenturen und Gastspieldirektionen mit den größten Raum in den Karteien ein.

Eine andere Auftrittsmöglichkeit liegt in den sogenannten «Magic-Trade-Shows», die in gewisser Weise sogar unmittelbar an die Taschenspielertradition anknüpfen.

Gemeint sind die Zauberauftritte, die als verkaufsfördernde Maßnahme von Firmen eingesetzt werden; entweder bei Messen oder bei Promotion-Tourneen durch Verbrauchermärkte. Auch hier gilt es, eine Menschenmenge anzuziehen, der während der Darbietung Produktinformationen vermittelt werden sollen.

Dieser Bereich erfordert ein enormes Geschäftsdenken im Sinne der Werbung und verlangt vom Künstler, sich mit den zu umwerbenden Produkten bis zu einem gewissen Grad zu identifizieren.

Bei den Trade-Shows wird oft die «Schwebende Jungfrau» von einst durch neue Produkte der Firmen ersetzt

Trade-Shows verlangen fünf bis sieben Auftritte pro Tag, bei denen jede Vorstellung bis ins kleinste Detail sitzen muß.

Wenn Sie bis hierhin noch nicht abgeschreckt sind, aus dem Hobby einen Beruf zu machen, dann müssen Sie hart arbeiten.

Wer heute ausschließlich von der Zauberkunst leben will, muß die Fähigkeit mitbringen, sich – zumindest am Anfang – selbst zu managen.

Sie müssen Briefe und Bewerbungen schreiben in Hülle und Fülle. Ständig am Ball bleiben. Sie müssen sich selbst als eine Ware betrachten, die an den Mann, an den Veranstalter gebracht werden soll.

Wenn Sie jetzt immer noch Berufszauberkünstler werden wollen, dann gehen Sie der Reihe nach vor:

Sie brauchen zuerst eine komplette Darbietung, mit der Sie 20 bis 40 Minuten auftreten können.

Wenn Sie damit bereits einige Auftritte erfolgreich durchgeführt haben, kann sich die Mundpropaganda auswirken, und Sie bekommen weitere Aufträge. Die Mundpropaganda erschöpft sich jedoch irgendwann und ist obendrein zu unsicher, als daß man sich ganz und gar darauf verlassen könnte. Sie haben laufende Kosten, die Sie mit laufenden Auftritten finanzieren müssen.

Und jetzt werden Sie langsam Profi, denn Sie müssen Werbung betreiben.

Lassen Sie ein paar professionelle Fotos von Ihrer Darbietung schießen, die Sie entweder als einzelne Fotos Ihren Schreiben beifügen oder zu einem Prospekt verarbeiten lassen.

Wenn Sie über die Möglichkeit verfügen, ein Videoband von einem Ihrer Auftritte anzufertigen, dann sollten Sie auch dieses Werbemedium ausnutzen. Allerdings birgt ein Video auch Gefahren. Der eventuelle Auftraggeber sieht Sie auf dem Band und legt Sie in eine «Schublade» für ähnliche Veranstaltungen ab und meint, Sie können nur auf solchen Galas auftreten.

Wenn Sie bis hierhin investiert haben, brauchen Sie Adressen, denen Sie Ihr Material schicken.

Sie haben im großen und ganzen zwei Zielgruppen: die direkten Veranstalter und die Künstleragenturen und Gastspieldirektionen.

Werbung bei den Veranstaltern

Hier sind all die gemeint, die ein Fest selbst ausrichten, angefangen von Betrieben bis hin zu Vereinen, die einmal im Jahr ein Fest feiern.

Adressen kann man heute kaufen bzw. mieten. Es gibt eine Reihe von Anbietern auf dem Markt, einige finden Sie im Anhang.

Allerdings gibt es bei der Verwendung von fremden Anschriften einige Punkte zu beachten, die Ihnen beim Kauf oder Mieten genannt werden.

Darüber hinaus gibt es die Möglichkeit, Anschriften Branchenbüchern zu entnehmen. Adressen von Firmen findet man z. B. im «Wer liefert was?» der gleichnamigen Verlagsgesellschaft in Hamburg.

Sie können natürlich auch die Gelben Telefonbuchseiten der Bundespost durchforsten und sich daraus eine Sammlung von Anschriften abschreiben.

Unterliegen Sie jedoch nicht der fatalen Annahme der meisten Amateure und glauben Sie, wenn heute 1000 Personen angeschrieben werden, daß Sie morgen oder übermorgen bereits eine Reihe von Aufträgen erhalten.

Ziel einer jeden Werbung ist in erster Linie, Aufmerksamkeit zu erzeugen, ein anschließender Kauf ist zwar zu erhoffen, kann jedoch nicht gewährleistet werden.

Dies beinhaltet, daß es mit einer einmaligen Aussendung nicht getan ist. Sie müssen immer und immer wieder Ihren Namen in Erinnerung rufen, um zu erreichen, daß man gerade dann an Sie und Ihre Darbietung denkt, wenn es um die Zauberei geht.

Hilfreich kann hierfür ein einheitlicher Schriftzug Ihres Namens sein, der auf all Ihren Unterlagen auftaucht und so die Erinnerungsfähigkeit beim «Kunden» erhöht.

Werbung bei Agenturen, Gastspieldirektionen und Künstlerdiensten

Unter diese Rubrik fallen all die, die Ihnen Auftritte vermitteln.

Doch vorab etwas Grundsätzliches dazu und eine Unterscheidung der drei Gruppen.

Agenturen

vermitteln Sie und Ihre Darbietung an die Veranstalter, sie sind berechtigt, von der Gage bis zu 10 % Vermittlungsgebühren zu verlangen. D. h. also, daß von Ihrer Gage 10 % der Agent erhält.

Gastspieldirektionen

dagegen verpflichten Sie als Künstler direkt und verkaufen Sie, eventuell mit anderen Artisten zusammen, als Programm an den Veranstalter. Dafür erhält der Veranstalter eine Summe, von der Sie ausgezahlt werden. Da die Gastspieldirektion vom Verkauf solcher Programme lebt, kalkuliert sie natürlich eine entsprechende Summe für das Programm und setzt für jeden Künstler einen höheren Betrag ein, als er angibt und später ausgezahlt bekommt.

Mit anderen Worten, die Gastspieldirektion rechnet zu Ihrem Honorar einen gewissen Prozentsatz hinzu. Dieser kann 10%, kann aber auch – und das weiß ich aus eigener Erfahrung – 100% und mehr betragen.

Die Künstlerdienste

dagegen arbeiten im Auftrag der Bundesanstalt für Arbeit und somit für Sie ohne zusätzliche Kosten.

Die einzelnen Künstlerdienste finden Sie ebenfalls im Anhang.

Alle drei Gruppen arbeiten im Prinzip jedoch gleich. Sie suchen Veranstalter, um ihnen Künstler anzubieten.

Für diese Arbeit benötigen sie Werbematerial von Ihnen, das hier hauptsächlich in Form von Prospekten und Fotos Anwendung findet.

Hinzu kommen die sogenannten Besetztdaten-Karten, die monatlich oder vierteljährlich von Künstlern an die Vermittler geschickt werden. Auf diesen Karten, die im allgemeinen ein Kalendarium aufweisen, werden die Tage angekreuzt, an denen man bereits einen Auftritt hat. Wenn der Vermittler Sie also einem Veranstalter anbieten will, schaut er zuerst auf Ihre Besetztdaten-Karte, um zu sehen, ob Sie an diesem Tage frei sind oder nicht.

Plakat Wittus Witt

Profi-Kalkül*

Jeder, der sich selbständig macht, wird wahrscheinlich überlegen, wo seine Marktlücke steckt und wie er dort finanziell leben kann. Die Ware, die angeboten wird, ist der Akteur (bei uns also der Zauberkünstler) mit seiner Darbietung.

Er braucht in den meisten Fällen folgende lebenswichtigen Dinge, die die Grundlage für eine selbständige Tätigkeit bilden:

Wohnung, Telefon, Auto, Krankenversicherung, Rentenversicherung und evtl. eine Invaliditätsversicherung.

Diese Punkte bilden eine feste Summe, die jeden Monat aufgebracht werden muß. Hinzu kommen natürlich noch Kosten für den Unterhalt, wie Lebensmittel, Reinigung, Büroartikel und vieles mehr. Nicht zu vergessen die tatsächlichen Summen, die man in die Darbietung gesteckt hat.

Aus all diesen Punkten ergibt sich also ein Betrag, der als Fixkosten eingebracht werden muß, d. h., man muß diese Summe erst einmal verdienen. Dies wiederum bedeutet, daß der Umsatz diesen Verdienst ermöglichen muß.

Noch konkreter heißt das für die Rechnung: Zu den Fixkosten kommen noch etwa 30–40 % der Einnahmen, die der Selbständige an Steuern zahlen muß.

Setzen Sie Zahlen nach Ihren eigenen Vorstellungen in diese Rechnung ein, und Sie werden überrascht sein, zu welcher Summe Sie gelangen.

Nun gibt es zwei Arten von Zauberkünstlern und somit auch zwei Verdienstmöglichkeiten: der Gala-Künstler, der vom Tagesgeschäft lebt, und der Nightclub-Künstler.

Letzterer darf bei seiner weiteren Kalkulation davon ausgehen, daß er volle 12 Monate im Jahr zur Verfügung hat, in denen er seinen Umsatz einbringen kann. (Natürlich gehe ich grundsätzlich davon aus, daß die Ware, die Zaubernummer, eine Marktchance hat, denn sonst wäre ja jede Rechnung umsonst.)

Somit braucht der «En-suite»-Künstler (der von Monatsengagements lebt) also nur noch die Tage vom Jahr abzuziehen, in denen er entweder Urlaub machen möchte oder die evtl. bei einem Monatsengagement ausfallen (Sonntage, Feiertage, Freitage etc.). Seinen (oben

* Profi-Kalkül» habe ich zum erstenmal in der Zeitschrift «‹Magische› Welt», 32. Jahrgang Nr. 3, 1983 veröffentlicht.

kalkulierten) Monatsumsatz kann er jetzt auf die Arbeitstage verteilen, und sein Honorar ergibt sich automatisch.

Der Gala-Künstler muß anders rechnen. Er hat davon auszugehen, daß ihm nicht 12 Monate zur Verfügung stehen. Januar und Februar sind allgemein für den Karneval reserviert, in dieser Zeit gibt es für Zauberkünstler normalerweise so gut wie keine Auftritte. Ferner werden in den Sommerferien – sprich: August – so selten Galas oder auch Betriebsfeste durchgeführt, daß auch dieser Monat ausfällt.

Es bleiben also 9 Monate übrig, die der Tageskünstler nutzen kann. Allerdings fallen von dieser Zeit etliche Tage aus, die nicht einkalkuliert werden können. Ein guter Zauberkünstler kann aber in etwa davon ausgehen, daß er theoretisch an den Wochenenden (Freitag und Samstag) besetzt sein wird. Pro Monat also rund 4 Wochenenden; in 9 Monaten also 36 Doppel- bzw. 72 Auftrittstage. Auf diese 72 Tage müßte jetzt der Akteur seinen oben zusammengestellten Umsatz aufteilen.

Lieber Leser, setzen Sie doch einfach mal Ihren momentanen Jahresumsatz ein und rechnen nach meiner Kalkulation die Honorare für den Monats- sowie für den Tageskünstler aus.

Wenn Sie morgen Profi werden möchten, müßten Sie dies sowieso tun, da Sie doch sicherlich nicht schlechter verdienen wollen als bisher, wahrscheinlich sogar besser.

Sie werden erstaunt sein, zu welchen Tagesgagen Sie auf diese Weise gelangen.

Zugabe: Dai Vernon über die Zauberkunst und Zauberkünstler

(Auszugsweise übersetzt aus der Zeitschrift GENII, Vol. 33 No. 1, September 1968, mit freundlicher Erlaubnis des Herausgebers Bill Larsen und des Autors Dai Vernon.)

Wir sollten mal etwas Allgemeines über die Zauberkunst sagen.

Eine Menge Zauberkünstler glaubt, jeder Laie wäre zu jeder Zeit, Tag und Nacht, ganz versessen darauf, irgendeinen Trick zu sehen.

Aber der genaue Zeitpunkt, wann man einen Trick vorführt, ist sehr entscheidend. Bei uns im Magic Castle[29] trifft dies zwar zu, aber wenn Leute miteinander reden, singen oder tanzen und jemand kommt und sagt: «Ich zeige euch mal einen Trick ... ziehen Sie mal eine Karte ... passen Sie mal auf», ist dies nicht gut für die Zauberkunst.

Die Zauberkunst muß sehr bedacht, zur richtigen Zeit und mit der richtigen Art vorgeführt werden, sonst kann sie für normale Leute sehr lästig werden.

Auch was man zu den Kunststücken spricht, ist sehr wichtig. Wenn Sie ein natürlicher Humorist sind, der lustige Geschichten erzählt, über die sich die Leute halb totlachen, dann können Sie dies wahrscheinlich auch mit Ihrer Zauberei verbinden. Aber wehe, wenn Sie versuchen, lustig zu sein, und niemand lacht, dann wird es eine Katastrophe.

In der Zauberkunst ist es sehr wichtig, wie man einen Trick verkauft. Sie können und kennen vielleicht einen Trick perfekt, aber es ist noch wichtiger zu wissen, wie man ihn verkauft.

Der große Unterschied zwischen dem Amateur und dem Profi liegt darin, daß der Profi weiß, was ein Effekt wert ist. Er weiß, was das Publikum sieht. Es ist egal, wie umständlich die Methode zur Vorführung ist, wenn der Effekt gut ist, wird der Profi ihn verwenden.

Der Amateur ist mehr an der Methode interessiert. Wenn die Methode subtil und teuflisch intelligent ausgedacht ist, dann wird der Amateur den Trick liebend gern vorführen, egal, was das Publikum dazu sagt.

Der Autor mit dem «Professor» Dai Vernon

Selbst auf die Gefahr hin, daß die Zuschauer überhaupt nicht verstehen, was gezeigt wird, der Amateur wird den Trick wegen der subtilen und teuflisch intelligenten Art zeigen und die Leute zu Tode langweilen.

Jemand malt irgend etwas auf ein Stück Papier, und wenn es ein schönes Bild wird, dann werden die Leute sagen: Was für ein schönes Bild.

Ein anderer sitzt vielleicht in einem schönen Atelier, hat die besten Farben und die beste Leinwand, aber was soll's? Alles, was gesehen wird, ist das Bild.

Und genau so geht der Profi-Zauberkünstler mit der Zauberei um. Er sieht das Bild so, wie die Leute das Bild sehen, der Amateur dagegen sieht es nicht so.

Dies sollten viele Zauberkünstler aufnehmen und beachten. Sie müssen sich in der Rolle der Zuschauer sehen.

Ein weiterer wichtiger Punkt ist die Reihenfolge der Kunststücke.

Eine Menge Zauberkünstler zeigen ihren stärksten Trick am Anfang und werden zum Ende hin immer schwächer.

Sie sollten der alten Vaudeville-Regel folgen, die ideal ist: Denken Sie über die Zauberei wie bei einem Theaterstück. Ein Stück hat einen Anfang, einen Mittelteil und ein Ende … eine Klimax, den Höhepunkt. Das ist auch mit ein Grund, warum das Becherspiel bis heute ein Klassiker geblieben ist: Es beginnt mit der Wanderung einzelner Kugeln, die nach und nach unter den Bechern erscheinen, dann im Mittelteil alle zusammen unter einem Becher liegen und zum Schluß, PENG, der Höhepunkt, ein zusätzlicher Effekt als dramatisches Ende; genau so muß eine komplette Darbietung arrangiert sein.

Das versteht man unter einer Vaudeville-Regel: Nach einem recht guten, verblüffenden Anfang kommt der schwächere Mittelteil, dem ein starkes Ende folgt, um eine erfolgreiche Darbietung zu bekommen.

Ein einzelner Trick läßt sich ebenso konzipieren wie eine Zauberschau.

Eins meiner Idole ist Hofzinser, der bei einem seiner Kunststücke erklärte: «Dieser Trick wird, wenn man ihn gut verstanden und überzeugend vorgeführt hat, stets eine überwältigende Wirkung bringen … oder aber der Effekt bleibt völlig aus.»

Mit anderen Worten, wenn man den Trick nicht vollends versteht und überzeugend vorführen kann … nun, dann kann man auch keinen Effekt erzeugen. So einfach ist das.

Jeder, der einen Trick zur Unterhaltung vorführen will, soll erst einen finden, den er mag. Man kann nicht ein halbes Dutzend auf einmal lernen. Viele glauben, dies ginge, aber es ist wichtiger, einen oder zwei oder drei oder vier Tricks perfekt zu lernen, als Hunderte von Tricks schlecht.

Ein Freund sagte einmal: «Das Problem bei der Zauberkunst besteht darin, daß die Durchschnittsperson, die zaubert, keinen guten Geschmack hat.» In diesem Satz liegt eine Menge Wahrheit. Geschmack spiegelt sich in vielen Dingen in der Zauberkunst wider. Geschmack in den Requisiten, Geschmack in der Kleidung, Geschmack in der Ausdrucksweise, Geschmack halt in allem. Wenn Sie also Ihre Darbietung verbessern wollen, dann lernen Sie alles um sich herum zu verstehen.

Anhang:

Anmerkungen

1 Das Becherspiel, von Kurt Volkmann, Düsseldorf 1954

2 Dai Vernon wurde als David Frederick Wingfield Verner am 11. Juni 1894 in Kanada geboren. Er gilt in der Fachwelt als der beste Zauberkünstler, der im Laufe seines Lebens eine große Zahl von Zaubereffekten kreiert hat. Er wird auch häufig als «Professor» bezeichnet. Vernon starb am 20. August 1992.

3 Die Namen fand ich in dem Buch «Das Zeitkürzende Lust- und Spiel-Haus», Frankfurt um 1690

4 The Discoverie of Witchcraft, by Reginald Scot: with an introduction by the Rev. Montague Summers, Dover Publication, Inc. New York 1972
Dieses Buch, das ursprünglich 1584 in London (England) herauskam, war als Aufklärungswerk gedacht, um zu zeigen, daß die «Hexenkunst» mit realen Mitteln geschieht. Es galt etliche Jahrzehnte als das erste Zauberbuch der Welt.
Einige Monate vor Scot erschien 1584 in Lyon, Frankreich, LA PREMIERE PARTIE DES SUBTILES ET PLAISANTES INVENTIONS von J. Prevost. Das Buch wurde Monsieur Durand de Gestes – einem vornehmen Bürger von Vernose – am 1. Januar 1584 gewidmet. (Quelle Dr. Jacques Voignier). Es enthält eine Fülle von alten Taschenspielertricks mit zahlreichen Illustrationen.

5 «My Grandmother's Necklace», Artikel von Barbi Walker in der amerikanischen Zeitschrift The Journal of Magic History, Volume 1, No. 2 July 1979

6 The whole Art of Legerdemain: or Hocus Pocus in Perfection, London 1763, How to shew the Hen and Egg-bag, and out of an empty Bag to bring out above an Hundred Eggs, and afterwards to bring out a living Hen.

7 «Die Kunst der Täuschung», Ein Blick in die Kulturgeschichte der Zauberkunst, wurde am 7. Juni 1984 im dritten Programm des WDR ausgestrahlt.

8 Hocus Pocus / oder Der curiöse Karten- und Taschenspieler / zusammengebracht aus / Das Zeit-kürzende Lust- und Spiel-Haus, Frankfurt ca. 1690.
Reprint aus dem Heimeran Verlag, München 1972

9 Das Wort Escamoteur hat sich sehr wahrscheinlich von der Muskatnuß des Becherspiels abgeleitet, die erschien und verschwand. Noch heute bedeutet das französische «escamoter»: (durch einen Kunstgriff) verschwinden lassen, wegstibitzen.

10 Ausführlich wird darüber in dem Buch «Die zersägte Jungfrau» von Dr. Aloys Christof Wilsmann berichtet. Scherl Verlag Berlin, 1938

11 Robert-Houdin wurde am 7. Dezember 1805 geboren und starb am 13. Juni 1871.

12 Hofzinser wurde am 19. Juli 1806 geboren und starb am 11. März 1875.

13 Ottokar Fischer wurde am 10. 11. 1873 geboren und starb am 1. 12. 1940.

14 «Ohne ein Feuer-Zeug Feuer zu machen» aus «Die zehenmal hundert und eine Kunst, Oder vermischte Sammlung von tausend und zehen nützlichen auch lustigen und scherzhaften, doch allesamt durch die Erfahrung bewährten Kunststücken zum allgemeinen Nutzen und Vergnügen», Nürnberg 1766

15 Walber B. Gibson, Secrets of Magic, Grosset & Dunlap, New York 1967, Seite 41: Fire Eater. Dieses Buch erschien in einer Taschenbuchausgabe 1979 im Otto Maier Verlag, Ravensburg. Es beschreibt, wie in der Originalausgabe, einige Feuertricks, deren Handhabung mit einer Selbstverständlichkeit erklärt wird, die ich jedoch selbst niemals ausprobieren würde.

16 Siehe auch im Literaturverzeichnis unter «Secrets of the Street Conjurers». Das Copyright des Heftes liegt heute bei der englischen Zauberfirma Davenport in London, dessen Besitzer Betty Davenport und Fergus Roy mir die Erlaubnis gaben, einige Effekte daraus für dieses Buch zu beschreiben.

17 Hierfür fand ich zwei Quellen: The Wizard, Vol. 3, Nr. 31 vom Oktober 1949 auf der Seite 242 «The Linking Rings – 400 Years Ago» und in «Jean Hugards Magic Monthly», Vol. 7, Nr. 3 vom August 1949 auf der Seite 572. Da beide Erwähnungen im selben Jahr geschahen, liegt wahrscheinlich beiden die gleiche Quelle zugrunde.

18 W. Geissler-Werry veröffentlichte in seiner Zeitschrift «‹Magische› Welt» hierzu zahlreiche Methoden.

19 Charles Cole beschrieb in Magic Magazine, Vol. 1. No. 1, April 1952, Seite 5 seine «Balloonology». A New Sideline For Magical Entertainers.

20 Friedrich Wilhelm Horster wurde am 15. Januar 1870 in Crossen (Oder) geboren und starb am 30. August 1944 in der Nähe von Berlin. Unter dem Namen Conradi Horster war er in der gesamten Fachwelt bekannt.

21 «Papier kunstvoll zu zerreissen, Die Palme», Das Universum der Magie, Magische Bibliothek, 21. Band, Berlin, 1923.

22 Illustrated Catalogue of Conjuring Tricks, W. & F. Hamley, London 1882, No. 29 The Magic Mouse.

23 Burling Hull wurde am 9. September 1889 in Brooklyn, New York, USA als Burlingame Gilbert Galt Hull geboren und starb in Florida am 19. November 1982.
Die Information über Hulls Daten stammt von der amerikanischen Zaubergerätehändlerin Frances Marshall, die diese in der englischen, wöchentlich erscheinenden Zauberfachzeitschrift «Abracadabra», Vol. 75, No. 1927 veröffentlichte.

24 Nachzulesen bei Jean Hugard in «Encyclopedia of Card Tricks», Faber und Faber, London, 1961, Seite 272
In Deutschland taucht hin und wieder auch der Name Nate Leipzig (31. 5. 1873–13. 10. 1939) im Zusammenhang mit dem Svengalispiel auf. Allerdings gibt es dafür keine exakten Quellen.

25 Dieses Mischen stammt von dem Dubliner Zauberkünstler Hubert Lambert.
Das Mischen ist nachzulesen bei Joe Stuthard's «Miracle Trick Pack of Cards».

26 Das Zauberglas, unter welchem jedes Geldstück verschwindet. Bartl's Akademie für magische Kunst, Hamburg, um 1920.

27 Will Goldston wurde am 23. September 1878 in Liverpool geboren und starb am 24. Februar 1948 in London. Als Carl Devo trat er bereits als 17jähriger in Vorstadtvarietés auf. 35 Jahre lang gab er die Zeitschrift «The Magician Monthly» heraus.
Die Informationen über Goldston sind dem Heft 1 des 47. Jahrganges der Zauberfachzeitschrift «Sphinx» entnommen, die 1951 ihr Erscheinen nach 53 Jahren eingestellt hat.

28 Dieses Photo entstand anläßlich der Verleihung des Dr. Hofzinser-Ringes, dessen Träger auf Lebenszeit Punx war, der den Ring jedoch am 13. April 1985 an Werry weitergab.
Der Hofzinser-Ring wurde 1933 von Robert Farchmin zur Erinnerung an Dr. Johann Nepomuk Hofzinser gestiftet. Der erste Träger war Ottokar Fischer, danach erhielt ihn der Illusionist Kalanag (Helmut Schreiber) und danach Punx.
Punx wurde als Ludwig Hanemann am 27. 10. 1907 geboren. Er kreierte in den frühen 50er Jahren einen eigenen Vorführstil, der seiner Zeit weit voraus war.

29 The Magic Castle ist eine Art Club in Los Angeles, der sich ganz und gar der Zauberei verschrieben hat und für Laien wie für Fachleute fast täglich Vorstellungen gibt.

Literaturhinweise

STRASSENZAUBEREI

Foley, Brian, STREET MAGIC, Ja, kann man denn davon leben?, Zauberzentrale München 1986

Huggins, Wilfred, SECRETS OF THE STREET CONJURER, George Johnson – The Magic Wand Office, London 1939

Rubenstein, Michael, INSIDE STREET MAGIC, New York 1985

Schröder, Joachim, PRAXIS PROFESSIONELLER ZAUBEREI, Hamburg 1985

STRASSENAUFTRITTE

Batz, Michael und Horst Schroth, THEATER GRENZENLOS, Handbuch für Spiele und Programme, Reinbek 1985

Batz, Michael und Horst Schroth, THEATER ZWISCHEN TÜR UND ANGEL, Handbuch für freies Theater, Reinbek 1984

Engelke, Kai, STRASSENMUSIK – Ein Handbuch, Hann. Münden 1981

Schuster, Hugo, STRASSENFESTE, FLOHMÄRKTE UND BASARE, Praktische Tips für Organisation und Durchführung, Niedernhausen 1983

ZAUBERHISTORIE

Christopher, Milbourne, THE ILLUSTRATED HISTORY OF MAGIC, Thomas Y. Crowell Company, New York 1973

Dawes, Professor Edwin A., THE GREAT ILLUSIONISTS, David & Charles, London 1979

Price, David, MAGIC, A PICTORIAL HISTORY of Conjurers in the Theater, Cornwall Books, Rosemont Publishing and Printing Corporation, New York, London, Toronto 1985

Wilsmann, Dr. Aloys Christof, DIE ZERSÄGTE JUNGFRAU, Berlin 1938

Witt, Wittus, ZAUBERKÄSTEN, München 1987

PRAKTIZIERENDE ZAUBERKUNST

Bongo, Ali, MEIN GANZ GEHEIMES ZAUBERBUCH, Wien 1982
Hay, Henry, THE AMATEUR MAGICIAN'S HANDBOOK, Thomas Y. Crowell Company, New York 1972
Page, Patrick, BIG BOOK OF MAGIC, Sphere Book, Wolfe Publishing Ltd., London 1977
Waldmann, Werner, ZAUBERKUNST, München 1983

Die Verbeugung

Zum Schluß muß ich mich bei allen bedanken, die mir bei der Erstellung des Manuskripts mit Ratschlägen, Korrekturen, Hinweisen und der Erstellung von Abbildungen uneigennützig geholfen haben, sowie auch bei denjenigen, die mein Vorhaben, ein Buch zur Straßenzauberkunst zu schreiben, moralisch unterstützten:

Thomas Kniffler: er hatte den Mut, ein weiteres Zauberbuch in das Verlagsprogramm aufzunehmen.

Universitätsbibliothek Düsseldorf: die Leitung gestattet das Ausleihen nur demjenigen, der im unmittelbaren Einzugsbereich der Stadt wohnt, machte aber bei mir, dessen Wohnort zu weit entfernt liegt, eine große Ausnahme.

Andrea Witt, Sophie Witt, Roy Gardner, Dr. Wieland Koenig und Fritz Maurer: sie lasen und verbesserten das Geschriebene.

Dr. Jacques Voignier: er ließ mich in seiner wertvollen Zauber-Büchersammlung stöbern. Günther Glückert und Otto Wessely gaben zusätzlich Tips und Ratschläge.

Claudia Wengert und Bernd Jansen, die mir uneigennützig Photos zur Verfügung gestellt haben; Reinhard Haase, der bereitwillig bis spät nachts auf den Auslöser drückte, sowie alle weiteren Photographen, die im einzelnen im Bildernachweis aufgeführt sind.

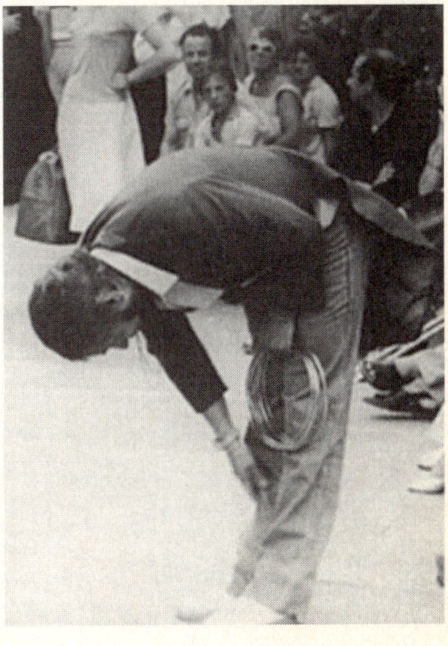

Udo Wächter: er machte den berühmten Faden in vielen Stunden wirklich rot.

Mario Angelo: er ließ es sich trotz überfülltem Terminkalender und chronischer Zeitnot nicht nehmen, das Vorwort zu schreiben.

Allen danke ich von Herzen.

Zaubergeräte und Tricks

Diese Anschriftenauswahl ist der Publikation «Internationale Gelbe Zauberseiten – International Yellow Magic Pages»* entnommen.

Bundesrepublik Deutschland

Aladin Zauberservice
Ernst W. Händl
Mike Porstmann
Vestastraße 8
81249 München 60
Tel.: (089) 814 13 74
Fax: (081 31) 838 92

Artisten-Casino
Zwickauer Str. 443
09117 Chemnitz
Tel.: (0371) 85 19 21

Berliner Zauberkeller
Jack Reynolds
Brauerplatz 1
12209 Berlin 45
Tel.: (030) 773 71 52
Fax: (030) 773 71 52

Zauberstudio Braunmüller
Steinbeisplatz 3
80686 München 21
Tel.: (089) 57 61 79
Fax: (089) 570 72 08

Peter Falk
Lutherplatz 4 a
01662 Meißen
Tel.: (03521) 87 09

Freér's Zauberladen
Dagmar und Frank Freer
Greifswalder Str. 197
10405 Berlin
Tel.: (030) 429 25 59

Hummel Magie
Joachim Hummel
Wasserstr. 5
32602 Vlotho
Tel.: (05733) 33 43

Alfred Kellerhof
Am Buschhof 24
53227 Bonn 3
Tel.: (0228) 44 16 68

Herbert von der Linden
Lemgoer Str. 39
32756 Detmold
Tel.: (05231) 371 91
Fax: (05231) 371 92

* Die «Internationalen Gelben Zauberseiten» erscheinen seit 1977 alle zwei Jahre bei Wittus Witt, Postfach 130749, D-47759 Krefeld.

Magie Fabrikation
Heinz Ruthert
Overbeeckskamp 24
47169 Duisburg 11
Tel.: (0203) 59 74 80

Kurt Soltau
Dietmar Boettcher
Große Kirchgasse 21
09456 Annaberg-Buchholz
Tel.: (03733) 22 37

Stolina Magie
Robert Fislage
Mierendorffstraße 42 a
59302 Oelde
Tel.: (02522) 42 58

Studio für Zauberkunst
Hans-Joachim Wiencek
Haarholzer Str. 28
44797 Bochum 1
Tel.: (0234) 79 56 95

Zauber Butike
Eckhard Böttcher
Zweigstr. 35 a
82178 Puchheim
Tel.: (089) 80 82 30
Fax: (089) 80 41 60

Zauberhaus Angelo
Straße der Jugend 34
39126 Magdeburg
Tel.: (0391) 313 62

Zauberkönig Berlin
Günter Klepke
Herrmannstr. 84–90
12051 Berlin 44
Tel.: (030) 621 40 82

Zaubertruhe
Manfred Reinhold
Warschauer Straße 71
10243 Berlin
Tel.: (030) 588 78 67
Fax: (030) 588 78 67

Zauberzentrale München
Harold Voit
Kirchplatz 9
82049 Pullach
Tel.: (089) 793 82 83
Fax: (089) 793 88 00

Großbritannien

Martin Breese International
P. O. Box 842
Sheffield, S2 5TB
Tel.: 0742-73 74 41
Fax: 0742-72 64 20

Camtryx (Magic) Ltd.
187 Gilbert Road
Cambridge, CB4 3PA
Tel.: 0223-35 62 04

Davenports
Shopping Arcade The Strand
7 Charing Cross Underground
London, WC2N 4HZ
Tel.: 071-836 04 08

Peter Diamond & Co.
214 Brockholes View
Preston, Lancs., PR1 4XJ
Tel.: 0772-79 31 73

International Magic Studio
Ron MacMillan
89 Clerkenwell Road
London, EC1R 5BX
Tel.: 071-405 73 24
Fax: 071-831 29 27

Patrick Page
130 Lomond Grove
London, SE5 75G
Tel.: 071-703-25 05

Quality Props
Dave & Joy Shaw
11 Hartridge Walk, Allesley Park
Coventry, CV5 9LF
Tel.: 0203-67 25 12

R.A.R. Magic
Roy Roth
82 Pennard Drive, Pennard, Swansea
West Glamorgan, SA3 2DP
Tel.: 0792-23 35 17
Fax: 0792-23 35 17

Repro Magic Geoff Maltby
46 Queenstown Road
London, SW8 3RY
Tel.: 071-720 62 57

Stephen Tucker Magic
Maggie Tucker
1 Castle Haven, Foley Terrace
Great Malvern, Worcs., WR14 4RQ
Tel.: 0684-566-485

USA

Abbott's Magic MFG Co.
Colon, MI 49040
Tel.: 616-432-3235 + 432-3236
Fax: 616-432-3357

Fantasio Magic Prod.
Ricardo Fantasio
1002 Country Club Prado
C. Gables (Miami), FL 33134
Tel.: 305-264-3321

Hades Seattle Magic Sentre
A Division of Micky Hades International
89 South Washington Street
Seattle, WA 98104
Tel.: 206-624 4287
Fax: 206-624 4287

Hank Lee's Magic Factory
Mail Order Service
P. O. Box 789
Medford, MA 02155
Tel.: 617-482-8749 + 482-8750
Fax: 617-395-2034

Jeff Busby Magic Inc.
The finest in Close up Magic
612 Cedar Street
Wallace, ID 83873-2233
Tel.: 208-556-1191
Fax: 208-556-1192

Lance Burton Magic Shop
Attention: S. David Walker
Hacienda Hotel
Las Vegas Blvd.So.
Las Vegas, NV 89119
Tel.: 702-739-1920

Louis Tannen Inc.
6 West 32nd Street/4th Floor
New York, NY 10001 – 3867
Tel.: 212-239-8383
Fax: 212-643-0199

MAK Magic Inc.
A U.F. Grant Line of Popular Magic
James King
3900 Fisher Rd./P. O. Box 44052
Columbus, OH 43204
Tel.: 614-276-7381
Fax: 614-276-6755

Zauberbücherlieferanten Bundesrepublik Deutschland

Zauberstudio Braunmüller
Steinbeisplatz 3
80686 München 21
Tel.: (089) 57 61 79
Fax: (089) 570 72 08

Volker Huber
Berliner Str. 218
63067 Offenbach a. M.
Tel.: (069) 81 45 23
Fax: (069) 88 01 55

Alfred Kellerhof
Am Buschhof 24
53227 Bonn
Tel.: (0228) 44 16 68

Zauberzentrale München
Harold Voit
Kirchplatz 9
82049 Pullach
Tel.: (089) 793 82 83
Fax: (089) 793 88 00

Zauberfachzeitschriften

A-B-C of Faxic
Wittus Witt
Haus Vogelsang
Postfach 13 07 49
47759 Krefeld
Tel.: (02151) 71 16 70
Fax: (02151) 71 22 25

A-B-C of Magic Sets
Wittus Witt
Haus Vogelsang
Postfach 13 07 49
47759 Krefeld
Tel.: (02151) 71 16 70
Fax: (02151) 71 22 25

Magic Megaphon
Was? Wann? Wo? Aus Show
Zauberkunst und Varieté
Klaus Wernicke & Walter Bock
Postfach 92 01 37
21131 Hamburg
Tel.: (040) 830 55 03 + 702 38 53
Fax: (040) 702 36 86

«Magische» Welt
W. Geissler-Werry
In den Benden 13
52355 Düren-Niederau
Tel.: (02421) 516 67

Zauber-Report
Alfred Czernewitz
Postfach 1204
53702 Siegburg
Tel.: (02241) 637 60
Fax: (02241) 572 13

Zauberkunst
Manfred Scholtyssek
Materniweg 14
01324 Dresden
Tel.: (0351) 37 64 55

Zaubervereine

Arbeitsgemeinschaft dt.spr. Zauberfreunde
Rolf Merkl
Jägerstr. 47
71032 Böblingen
Tel.: (07031) 22 71 28

Magische Nordlichter e. V.
Stephan Eichler
Klaus-Groth-Str. 59
20535 Hamburg 26
Tel.: (040) 21 13 41

Magischer Zirkel Berlin e. V.
Dieter Michel-Argola
Topeliusweg 64
14089 Berlin 22
Tel.: (030) 365 50 29

Magischer Zirkel v. Deutschland
Manfred Geiß
Grazer Weg 40
60599 Frankfurt 70
Tel.: (069) 65 17 99
Fax: (069) 65 19 58

Zauberfreunde Berlin e. V.
Eberhard Bärmann
Kienitzer Str. 114
12049 Berlin 44
Tel.: (030) 621 47 10

Zauberring München
Sebastian Schütz
Raweinstraße 1
82178 Puchheim
Tel.: (089) 80 39 80

Register

Quellennachweis der Abbildungen:

Das Foto auf U4 wurde von Claus Henseling aufgenommen.

Axel Schlüppner, Seite 17
Udo Scharnitzki, Seite 18
Winfried J. Jokisch, Seiten 36, 38, 52, 53, 77, 78, 79, 92, 93, 149
Renate Borchert, Seiten 56, 76
S. De Boulray, Seite 66 oben
Claudia Wengert, Seiten 81, 101
Bernd Jansen, Seiten 82, 94–96
Desimo, Seite 137
WDR Köln, Seite 144
Dietrich Keller, Seite 166
Plakat Wittus Witt, gestaltet von Günther Glückert, Seite 161

Alle übrigen Abbildungen von Wittus Witt bzw. aus seinem Archiv oder seiner Sammlung.

Spiele- und Beschäftigungsbücher

Knobeln, drudeln, rätseln, reimen, kochen, basteln – dabeisein ist alles.

Evi u. Hansjörg Langenfass
Comic-Kochbuch *Heiße und kalte Tips für Kochkönige und Katastrophenköche*
(rotfuchs 212)

E. Kahlert / F. Kohlsaat
Rätselkiste
(rotfuchs 290)
Sagt mit, bitte, liebe Leut'
was das für ein Ding bedeut':
Dieses Ding hat sieben Häut'
und das Ding beißt alle Leut'
bis die bittre Tränen weinen.
Was für'n Ding werd ich
wohl meinen?

Witzekiste *Bilder, Witze, Rätsel, Reime, Fabeln und Geschichten*
(rotfuchs 253)
Zwei Hasen werden von einem schwarzen Pudel verfolgt. Sie laufen, schlagen Haken und können endlich den Hund abschütteln. Etwas außer Atem setzen sie sich nieder, um auszuruhen. Plötzlich taucht hinter einem Hügel ein weißer Pudel auf. «Mensch», ruft da der eine Hase, «jetzt müssen wir aber noch einen Zahn zulegen. Der verdammte Hund hat schon seinen Pullover ausgezogen.»

Krimikiste
(rotfuchs 409 / ab 9 Jahre)
In diesem Buch gibt es nur eine Leiche, und das ist eine dumme Gans. Aber Müllmänner und Füchse geraten in Verdacht und Bürgermeister und Hasen in Teufels Küche ...

rororo rotfuchs

Poesiekiste *Sprüche fürs Poesiealbum*
Herausgegeben von Joachim Fuhrmann. Bilder von B. Kaip
(rotfuchs 274)

Eve Marie Helm
Die Rätselhexe *Erster Lesespaß*
Bilder von Margit Pawle
(rotfuchs 538 / ab 6 Jahre)
Eine Geschichte zum Mitraten für Leseanfänger.

F. K. Waechter / Bernd Eilert
Die Kronenklauer
(rotfuchs 448)
Eine wahre Wundertüte, randvoll mit Späßen und Überraschungen. Man kann in und mit diesem Buch lesen, falzen, raten, reimen, malen und singen.

Natias Neutert
100 Tricks und Zaubereien
(rotfuchs 119 / ab 8 Jahre)
Ein «kleiner Ratgeber» für Zauber- und sonstige Trickssereien. Alle Tricks und Tips sind mit verständlichen Anleitungen beschrieben und bebildert.

Peter Wucherpfennig

Peter Wucherpfennig: gelernter Maurer, dann Bauingenieur und Architekt, später Lehrer der Fächer Arbeitslehre Technik / Wirtschaft und Physik an einer Gesamtschule; praktizierte den Einsatz von «sanften Energien» im Unterricht und ist heute mit Publikationen und Beratungen auf diesem Gebiet tätig.

Elektronik-Werkbuch
Technische Spielereien
(rotfuchs 491 / ab 12 Jahre)
Das Buch gibt ausführliche Anleitungen für witzige Nonsensbasteleien und den Bau nützlicher kleiner Geräte aus elektronischen Bauteilen.

Umwelt-Werkbuch *Mit Tricks und Experimenten der Natur auf der Spur*
(rotfuchs 376 / ab 12 Jahre)
Alle reden vom sauren Regen, von Recycling, Biobrot und Naturkosmetik, von Sonnenenergie, Windkraft und Zimmertomaten. So allmählich hat es sich herumgesprochen, daß etwas faul ist um uns herum – und schon in uns selber. Aber wer weiß wirklich Bescheid? Mit über hundert Tips und Tricks, mit Rezepten, Bauanleitungen und Experimenten, meist nur für wenige Mark oder Pfennige, mit Dingen, die es in jedem Haushalt gibt – und mit ein wenig Neugier natürlich –, kommen wir hier der Natur auf die Spur. – Umwelt zum Anfassen.

Energie-Werkbuch *Basteln mit sanfter Energie*
(rotfuchs 468 / ab 12 Jahre)
Nicht nur der Strom aus der Steckdose liefert die Energien, die wir zum Leben brauchen. Gerade für Basteleien und Spielzeuge lohnt es sich, die Kraft von Wind, Sonne und Magneten zu nutzen. Zum Beispiel kann die Sonne ein Radio spielen lassen, und sogar Kartoffeln können das...

rororo rotfuchs

4020/1

Tagtäglich

Zu Hause wird's dramatisch!
Eltern – Kinder – Konflikte

Ingeborg Kanstein
Der soll zu uns gehören? *Ein Bruder aus Südamerika*
(rotfuchs 338 / ab 9 Jahre)

Jürgen Breest
Tollwut *Erzählung*
(rotfuchs 291 / ab 12 Jahre)
Fredemanns und Oldenburger sind auf dem Kriegspfad. Es geht um Hundedreck, einen Gartenzaun, Löwenzahnsamen und Kofferradiomusik. «Einfürallemalschluß» also mit der Freundschaft zwischen Olli und Micki?

Hanna und Rolf Hanisch
Sie nannten ihn Katze *Eine Kinderfreundschaft*
(rotfuchs 693 / ab 10 Jahre)
Rudolf aus Berlin soll sich in Sachsen erholen, aber er wird von der Dorfjugend scharf beobachtet. Doch "Katze", ein Außenseiter, zeigt ihm alle Kniffe eines Landjungen.

Volker W. Degener
Geht's uns was an? *Erzählung*
(rotfuchs 265 / ab 10 Jahre)
Bertrams Eltern starren die beiden Jungs an, und die starren die Erwachsenen an. Entsetzen und Hilflosigkeit auf beiden Seiten. «Was?» «Bertram hat Angst. Vor Ihnen. Weil Sie ihn schlagen», wiederholt Marcus.
Dann nehmt doch mich! *Ein neues Zuhause für Bertram*
(rotfuchs 497 / ab 11 Jahre)

Doralies Hüttner
Komm, ich zeig dir die Sonne
(rotfuchs 139 / ab 9 Jahre)

rororo rotfuchs

Wolfram Eicke
Blitzlicht *Als Kinderstar in die Werbung*
(rotfuchs 649 / ab 11 Jahre)
Mit elf Jahren wird Immo "Model" für Werbefotos. Er lebt in zwei Welten: einerseits Kinderstreiche, andererseits Arbeit, Reisen und viel Geld. Nicht leicht...

Felicitas Naumann
Den Vater denk ich mir
(rotfuchs 418 / ab 13Jahre)
«Der Vater, den ich mir denke, ist anders. Der haut nicht einfach ab, der ist da.» Für Mark und seine Mutter beginnt ein neues Leben...

Irene Strothmann
Das schaffst du nie! *Eine Wette*
(rotfuchs 569 / ab 8 Jahre)
Topp, die Wette gilt! Wer wird sie gewinnen: Kim, die mit ihrer Mannschaft den begehrten Fußballpokal holen will, oder ihr jüngerer Bruder Arthur, der mit einem Weltrekord im Guinness–Buch stehen möchte? Die Spannung zwischen den Geschwistern wächst...

4019/2

Öko-Kiste

Mit Umwelt- und Bildgeschichten der Natur auf der Spur.

Volker W. Degener
Froschkönig soll leben! *Eine Umweltgeschichte*
(rotfuchs 585 / ab 12 Jahre)
Allzuviel hält Daniel, 14, nicht von dem Umweltprojekt, das sich sein Lehrer hat einfallen lassen. Und immer weniger gefällt ihm, daß die «High Chem», wo sein Vater beschäftigt ist, dabei mitmischen will ...

Josef Ebner
Aktion Roter Milan *Eine Umweltgeschichte*
(rotfuchs 617 / ab 12 Jahre)
Merkwürdige Dinge geschehen auf dem vergessenen Gelände vor der Stadt, wo Jan und Stefan oft mit ihren Fahrrädern herumkurven: Tiere werden vergiftet aufgefunden, eine Hütte steht plötzlich in Flammen, ein Stadtrat will hier eine Straße durchbauen lassen, ein Bauunternehmer eine Siedlung errichten ...

Marie Marcks
Wer hat dich, du schöner Wald ... *Bildgeschichte*
(rotfuchs 326)
Der Wandertag führt die Schüler in den Wald. Aber bald werden sie sauer: Zwischen den Bäumen können sie sich nicht richtig verstecken. Also weiter zum «Waldlehrpfad». Der hat nur ein paar Museumsbäume, falsche Schilder und ist asphaltiert. Den Kindern dämmert's, und sie tun etwas ...
Auswahlliste zum Deutschen Jugendliteraturpreis

rororo rotfuchs

Peter Wucherpfennig
Umwelt-Werkbuch *Mit Tricks und Experimenten der Natur auf der Spur*
(rotfuchs 376 / ab 12 Jahre)
Alle reden vom sauren Regen, von Recycling, Biobrot, von Sonnenenergie und Windkraft. Es hat sich herumgesprochen, daß etwas faul ist um uns herum – und schon in uns selber. Aber wer weiß wirklich Bescheid?

Joachim Hartenstein
Die Flügel des Adlers *Weg in die Wildnis*
(rotfuchs 672 / ab 10 Jahre)
Auf einer abenteuerlichen Flucht vor Monsterbackes Gang geraten Jork und Jana in die Hände dreister Betrüger. Ohne Red Cloud, den geheimnisvollen Mann aus Dakota, wären sie rettungslos verloren...

Holger Strohm
Natur kaputt? *Ein Umwelt-Buch*
(rotfuchs 643 / ab 12 Jahre)
Der Autor zeigt, welche Gefahren um uns herum drohen und gibt Anregungen, was jeder einzelne tun kann.

Mädchenbücher – auch für Jungen

Dagmar Kekulé
Die kalte Sophie
(rotfuchs 371 / ab 13 Jahre)
Ich bin eine Wolke
(rotfuchs 191 / ab 13 Jahre)
Das Blaue vom Himmel
(rotfuchs 632 / ab 13 Jahre)
Für Paulina und ihre Freunde sind die Zeiten hart: Ihnen wird das "Blaue vom Himmel" versprochen und bleibt doch nur Sehnsucht.

Renate Welsh
Johanna *Roman*
(rotfuchs 293 / ab 13 Jahre)
Ausgezeichnet mit dem Deutschen Jugendbuchpreis.

Ann Ladiges
Blaufrau *Erzählung*
(rotfuchs 252 / ab 14 Jahre)
Mit einem Anhang: Frauen in sogenannten Männerberufen berichten.

Norgard Kohlhagen
Für Mädchen verboten! *Die Geschichte von einer, die anders leben wollte*
(rotfuchs 373 / ab 12 Jahre)

Karlhans Frank
Eigentlich habe ich ganz andere Pläne gehabt *Erzählung*
(rotfuchs 502 / ab 14 Jahre)
Anja, siebzehn Jahre, Hochleistungssportlerin: keine Discos, keine Jungen, kein Eis, keine Zeit; dafür Diät, Turn-Internat, Training und die Hoffnung, bei den Olympischen Spielen dabei zu sein. Doch dann stürzt sie vom Stufenbarren...

Angelika Kutsch
Man kriegt nichts geschenkt
(rotfuchs 108 / ab 12 Jahre)
Ausgezeichnet mit dem Deutschen Jugendbuch-Sonderpreis.

rororo rotfuchs

Dori Sanders
Daddys Tochter *oder Im Schatten der Pfirsichbäume*
(rotfuchs 613 / ab 12 Jahre)
In der schwarzen Familie eine weiße Frau! Clover muß nach Daddys Tod lernen, mit Sara Kate zu leben.

Sibylle May
Ich bin ich *Ein Sommer in Italien*
(rotfuchs 668 / ab 12 Jahre)
Die 15jährige Mirella reist allein nach Italien. Dort lernt sie das Land und sich selbst besser kennen.

Veronika Hazelhoff
Mensch, Mama!
(rotfuchs 522 / ab 10 Jahre)
So ein Luder
(rotfuchs 536 / ab 10 Jahre)
Au verdammt! *Tochter-Geschichten*
(rotfuchs 543 / ab 11 Jahre)
Ausgezeichnet mit dem niederländischen Jugendbuchpreis «Der Goldene Griffel».

4017/2

Romane und Erzählungen

Romane und Erzählungen für Leser ab 8 Jahre.

Max von der Grün
Vorstadtkrokodile *Eine Geschichte vom Aufpassen*
(rotfuchs 171)
Nur wer eine gefährliche Mutprobe bestanden hat, darf Mitglied der «Krokodiler» werden. Wie kann sich der querschnittgelähmte Kurt bewähren?

Hans Joachim Schädlich
Der Sprachabschneider
(rotfuchs 685 / ab 10 Jahre)
Paul läßt sich auf ein abenteuerliches und bedenkliches Geschäft ein: Ein Mann will für eine Woche Pauls Hausaufgaben machen, und dafür soll Paul ihm ein wenig von seiner Sprache abgeben.

A. Agthe / M. Seck-Aghte
Flußfahrt mit Huhn *Abenteuergeschichte*
(rotfuchs 540)
Nach dieser Expedition legt Ganzo bestimmt kein Ei mehr ... Die spannende Forschungsreise kann auch als Video und im Kino miterlebt werden.

Achim Bröger
Oma und ich *Eine Kindergeschichte*
(rotfuchs 493)
Oma ist krank – und das verändert alles! Aber Jutta hat Dirk, einen guten Freund... Ausgezeichnet mit dem Deutschen Jugendliteraturpreis

Elke Kahlert
Einmal Wolkenkuckucksheim und zurück *Geschichten aus dem Traumexpress*
(rotfuchs 588)

rororo rotfuchs

Harald Grill
Gute Luft – auch wenn's stinkt
Geschichten vom Land
Erzählung
(rotfuchs 332)
Da kräht kein Hahn nach dir *Bernd zieht in die Stadt*
Erzählung
(rotfuchs 548)

Christine Nöstlinger
Die verliebten Riesen
(rotfuchs 471)
Der Riese Satlasch ist auf der Fahrt zu seiner Riesenbraut Amanda, als ihm plötzlich das Benzin ausgeht ...

Mario Giordano
Karakum *Abenteuer in der Salzwüste*
(rotfuchs 721 / ab 10 Jahre)

Henky Hentschel
Jajas Klau
Ein Südseezauber
(rotfuchs 683 / ab 12Jahre)

Sylvia Brandis
Español *Rätsel um einen andalusischen Hengst*
(rotfuchs 656 / ab 12 Jahre)

Leben in fremden Ländern

Hoffnungen, Solidarität, Selbstbewußtsein und Widerstand von Kindern, Jugendlichen und Erwachsenen in aller Welt, die anfangen, Unrecht nicht mehr Schicksal zu nennen.

Jorge Amado
Herren des Strandes
(rotfuchs 68 / ab 13 Jahre)

Erwin Bienewald
Reise in den Tropenwald *Die Xavante-Indianer in Brasilien*
(rotfuchs 654 / ab 13 Jahre)
Die Geschichte einer Reise ins geplünderte Paradies der Xavante Indianer. Erwin Bienewald hat mit ihnen zusammengelebt, erzählt von ihrer Erziehung, den Jagdtraditionen, Träumen, Spielen... Ein spannender Reisereport aus dem Mato Grosso mit Fotos, Karten, Daten und Adressen für Freunde des Tropenwaldes.

Rupert Neudeck
Verjagt und vernichtet *Kurden kämpfen um ihr Leben*
(rotfuchs 653 / ab 14 Jahre)
Zeitgeschichte mitreißend geschrieben von einem Journalisten, der immer auf der Seite der Schwachen kämpft.

Ursula Haucke
Mutz macht Mätzchen *Ein Knirps hat Einfälle*
(rotfuchs 657 / ab 6 Jahre)
Mutz hat pfundweise Phantasie und einen ziemlichen Dickschädel: Grund für allerlei verzwickte Situationen. Aber die Familie hat Humor und sogar die Schwestern Anna und Lena haben Mutz trotzdem zum Fressen gern.

rororo rotfuchs

Reinhardt Jung
Mord in der Sierra *Spurensuche in Peru*
(rotfuchs 646 / ab 13 Jahre)
Das peruanische Mädchen Jesúa wird vom Vater an den Erstbietenden verkauft, ausgebeutet und mißbraucht. Auch eine Flucht hilft ihr nicht weiter.

Frederik Hetmann
Wiedersehen mit Amerika
Kreuz und quer durch die USA. Ein Reisebericht
(rotfuchs 592 / ab 14 Jahre)

Anatol Feid
Keine Angst, Maria *Eine wahre Geschichte aus Santiago de Chile*
(rotfuchs 452 / ab 11 Jahre)

Robert Thayenthal
Die Schuhe der Señores *Eine Geschichte aus Peru*
(rotfuchs 634 / ab 12 Jahre)
Der achtjährige Mateo lebt nach dem Tod seiner Mutter mit Vater und Geschwistern im Armenviertel von Lima. Dort herrschen Hunger, Gewalt und die Gesetze der Bandenchefs. Mateo schlägt sich als Schuhputzer durch, damit die Familie nicht verhungert.